흥부전 · 장화홍련전

작자 미상

토끼전 / 배비장전

SR&B(새로본닷컴)

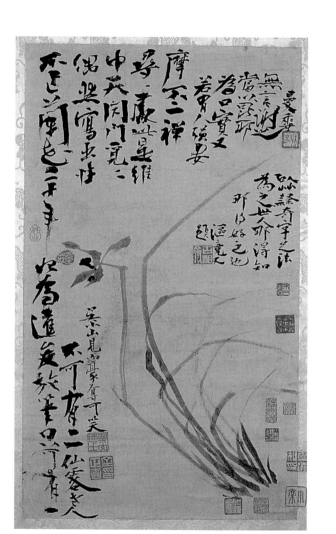

김정희의 〈부작란도〉

〈베스트 논술 한국대표문학(전60권)〉을 펴내며

어린 시절의 독서는 평생의 이성과 열정을 보장해 줄 에너지의 탱크를 채우는 일입니다. 인생의 지표를 세울 수 있는 가장 믿을 만한 방법이기도 합니다.

새로 접하는 사물의 이치를 터득하려면 그 정보를 대뇌 속에 담는 프로그램이 마련되어 있어야 합니다. 그 프로그램을 구축하는 가장 효과적인 방법이 지속적인 독서입니다. 독서는 책과 나의 쌍방향적인 대화이며 만남이며 스킨십입니다.

그러나 단순한 독서만으로는 생각하는 힘과 정확히 표현하는 힘을 키울 수 없습니다. 〈베스트 논술 한국대표문학〉은 이에 유의하여 다음과 같이 편찬하였습니다.

① 초·중·고 교과서에 실린 고전 및 현대 문학 작품부터 〈삼국유사〉, 〈난중일기〉, 〈목민심서〉 등 우리의 정신을 일깨워 주고 우리에게 지혜와 용기를 준 '위대한 한국 고전'에 이르기까지 한 권 한 권을 가려 뽑았습니다.

② 각 권의 내용과 특성을 분석하여, '작가와 작품 스터디', '논술 가이드' 등을 덧붙여 생각하는 힘, 표현하는 힘을 키울 수 있도록 각 분야의 권위 학자, 논술 전문가들이 심혈을 기울였습니다.

③ 특히 현대 문학 부문은 최근 학계에서, 이 때까지의 오류를 바로잡아 정확한 텍스트를 확정한 것을 반영하였고, 고전 부문은 쉽고 아름다운 현대 국어로 재현하였습니다.

④ 각 작품에 관련된 작가의 고향을 비롯한 작품의 배경, 작품의 참고 자료 등을 일일이 답사 촬영하거나 수집·정리하여 화보로 꾸몄고, 각 작품의 갈피 갈피마다 아름다운 그림을 넣어, 작품에 좀더 친근감 있게 접근할 수 있도록 하였습니다.

이 〈베스트 논술 한국대표문학〉이 여러분이 '큰 사람', '슬기로운 사람'이 되는 데 충실한 밑거름이 되기를 바랍니다.

〈베스트 논술 한국대표문학〉 편찬위원회

〈흥부전〉의 본문

〈흥부전〉의 표지

마당놀이
〈흥부전〉

〈흥부전〉의 포스터

흥부에게 박씨를 물어다 준 제비

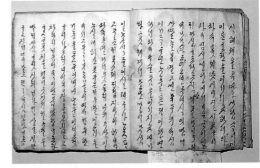

〈장화홍련전〉의 본문

〈장화홍련전〉 표지

1956년에 만들어진 영화 〈장화홍련〉

〈토끼전〉의 표지   〈토끼전 장끼전〉의 현대어판

〈토끼전〉의 원본

〈별주부전〉의
표지와 원문

태안 별주부 마을의 자라와 토끼상

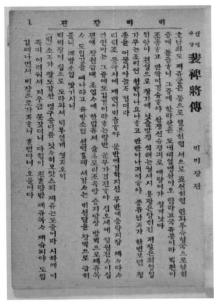

〈배비장전〉의 원본

인생 천지간에 毋論男女하고 인종은 일반이언만, 그 중에 우열이 판이하여 남자에도 현인군자와 愚夫賤氓이 있고, 여중에도 정부열절과 淫女奸姬가 代不乏絶하여 형형색색으로 측량하지 못하는 것은 자고급금 사람의 성질이라.

사람의 성질이란 것은 居生하는 지방의 산천풍기를 많이 응하여 산명수려한 지방에는 사람의 성질이 淳厚恭謹하여 악한 기운이 별로 없고, 산천이 험준한 지방에는 그대로 사람의 성질이 愚蠢奸猾하게 나는 법이라.

호남좌도 제주군 한라산은 옛적 탐라국 주산이요, 南方島中 제일명산이라. 험준하고 수려한 정기가 어리어서 기생 愛娘이 생겨났나 보더라.

애랑이가 비록 천기로 났을망정 色態는 越西施·楊太眞을 압두하고, 지혜는 남자로 말하면 陳留子에 내리지 아니하고, 간교는 구미호가 환생하였던지 호색남자가 얽혀

가로로 쓰여진 〈배비장전〉

〈배비장전〉의 표지

1965년 신상옥 감독이 만든 영화 〈배비장전〉

차례

작자 미상

흥부전

흥부전

충청도, 전라도, 경상도 지경에 사는 연 생원이라는 사람이 아들 형제를 두었는데, 형은 놀부요 아우는 흥부라 하였다. 흥부는 마음이 착하여 효성이 지극하고 동기간에 우애가 독실하였으나, 놀부는 부모께 불효하고 동기간에 우애 없는 것이 마음 씀씀이가 매우 고약스러웠다.

이놈의 심술을 볼 것 같으면, 술 잘 먹고 욕 잘 하고 게으르고 싸움 잘 하고 초상난 데 춤추기, 불 붙는 데 부채질하기, 해산한 데 개 잡기, 장에 가면 억지 흥정, 우는 아이 똥 먹이기, 죄 없는 놈 뺨치기, 빚으로 계집 빼앗기, 늙은 영감 덜미 치기, 아이 밴 계집 배 차기, 우물 안에 똥 누어 놓기, 올벼 논에 물 터 놓기, 잦은 밥에 흙 퍼붓기, 패는 곡식 이삭 빼기, 논두렁에 구멍 뚫기, 애호박에 말뚝 박기, 곱사등이 엎어 놓고 밟아 주기, 똥 누는 놈 주저앉히기, 앉은뱅이 턱살 치기, 옹기 장사 작대 치기, 이장하는 데 뼈 감추기, 남의 부부 잠자는 데 소리 지르기, 수절 과부 겁탈하기, 통혼하는 데 훼방놓기, 바다의 배 밑창 뚫기, 목욕하는 데 흙 뿌리기, 담 붙은 놈 코침 주기, 눈 앓는 놈 고춧가루 넣기, 이 앓는 놈 뺨 치기, 어린아이 꼬집기, 다된 흥정 깨트리기, 남의 제사에 닭 울리기, 행길에 허공 파기, 비 오는 날 장독 열기 따위였다.

이놈의 심보 이러하여 모과나무같이 뒤틀리고 동풍 안개 속에 수숫 잎같이 꼬인 놈이 흉악하기 그지없되, 흥부는 그렇지 아니하였다. 후덕 하고 인자한 마음으로 그 형의 하는 일을 탄식하며 때로는 말하고자 하나 쓸데없으므로 아무 말 하지 않고 주면 먹고 시키면 일이나 공손히 하는데, 흉악한 놀부놈은 조금도 뉘우침이 없으니 어찌 답답하지 아니하랴.

놀부는 부모의 물려 준 재산, 많은 논밭과 노비, 소말을 혼자 다 차지 하고 아우 흥부를 구박만 하나, 흥부의 어진 마음은 조금도 변함이 없었다. 이 때 놀부는 세간 전답 다 차지하고 저 혼자 호의 호식하며 제 부모 제사를 지내도 제물은 아니 장만하고 종이 쪽지를 놓고 지내는데 편*이면 편값이라, 과일이면 과일 값이라 각각 써서 벌여 놓고 지내고 는 제사 철상* 후에 하는 말이, 이번 제사에도 아니 쓰노라 아니 쓰노라 하였건만 황초 값 오 푼은 받을 곳이 없네그려 하는 천하에 몹쓸 놈인 데, 하루는 생각하되 흥부의 가족을 내쫓으면 양식도 훨씬 덜 들고 쓸 돈도 적어질 것이라 생각하고 저의 부부 의논하여 흥부를 불러 하는 말이,

"형제라 하는 것은 어려서는 같이 살되 장가를 든 후에는 각각 사는 것이 떳떳한 법이니 너는 처자를 데리고 나가 살거라."

하였다. 이에 흥부 깜짝 놀라 울며 말한다.

"형제는 손발 같으니 우리 단 두 형제 헤어져 살면 우애가 없으리니 형님은 다시 생각하옵소서."

놀부는 본디 집 한 칸 변통하여 주며 나가라는 것이 아니라 그냥 쫓

---

* 편 떡을 점잖게 이르는 말.
* 철상(撤床) 제사상을 거두어 치움.

아내버릴 참인데 흥부의 착한 말을 듣고 있으려니 불량한 마음이 불 일 듯 치솟는지라, 눈을 부릅뜨고 팔뚝을 뽐내어 내뱉는다.

"이놈 흥부야, 잘살아도 네 팔자요 못살아도 네 팔자니, 형을 어찌 허구한 날 뜯어 먹고 매양 살려 하느냐. 잔말 말고 어서 나가거라."

흥부의 어진 마음 생각하니 형의 마음이 벌써 이렇거늘 만일 요란히 굴어 남이 알면 형의 흉이 더 드러날 것이라, 잠자코 저희 방으로 돌아와 나갈 일을 의논하니 흥부의 아내 또한 어진 부인이라 장부의 뜻을 받아 한마디 원망도 없이 눈물을 흘리며 하는 말이,

"시아주버니께서 저러하시니 남아 있을 길은 전혀 없고 나가자 하니 방 한 구석이 없으니 어린 자식들과 어디 가서 의지하겠습니까?"

이렇저렁 밤을 새우고 동방이 밝으니, 놀부놈이 방 앞에 이르러 호통하기를,

"이놈 흥부야, 내 어제 일렀거늘 어찌하자고 아직 아니 나가느냐? 네 이제도 아니 나가면 매를 때려 내쫓으리라."

이렇듯이 구박하니 잠시라도 어이 견디리요. 흥부는 아무 대답 아니하고 아내와 어린것들을 데리고 지향 없이 문을 나서니 참으로 갈 곳이 아득하다. 건너 산 언덕 밑에 가서 움을 파고 모여 앉아 밤을 새우고 아무리 생각하여도 갈 곳이 없다.

이 곳에 오막살이라도 짓고 사는 수밖에 다른 변통도 없어 흥부 집을 지으려는데, 깊은 산 속으로 들어가서 크나큰 아름드리 나무를 와르렁 퉁탕 지끈둥 베어 내어 안방, 대청, 중채, 사랑채를 네모 반듯 입 구(口)자로 짓고 부챗살 추녀, 굽도리, 안팎 분합, 물림에 살미 살창, 가로닫이, 크고 좋은 집을 짓는 것이 아니라, 낫 한 자루 갈아서 달랑 지게에 꽂아 지고 묵은 밭 쫓아다니며 수숫대, 뺑대를 모조리 베어 짊어지고 돌아와서 집을 짓는데 비탈진 언덕에다 집터를 괭이로 깎아 놓고 집 한 채를 짓는다.

안방, 대청, 행랑의 몸채를 말집*으로 한나절에 지어, 일을 마치고 돌아보니 수숫대 반 짐이 아직 남았다. 안방을 돌아보니 어찌나 너르던지 누워서 발을 뻗으면 발목이 벽 밖으로 나가 꼭 차꼬* 찬 놈 같고, 방에서 멋 모르고 일어서면 모가지가 지붕 밖으로 나가니 휘주잡기*에 잡히어 칼 쓴 놈 같고, 잠결에 기지개를 켤 양이면 발은 마당 밖으로 나가고 두 주먹 또한 두 벽을 뚫고 나갈뿐더러 엉덩이는 울타리 밖으로 나가 동리 사람들에 걸리적 거린다고 이 궁둥이 불러들이라는 호통 소리에 깜짝 놀라 일어나 앉아 엉엉 울며 하는 말이,

"애고 답답 설움이야, 이 노릇을 어찌할꼬. 어떤 사람 팔자 좋아 큰 벼슬, 좋은 집에 부귀 공명* 누리면서 금의 옥식* 쌓여 있고, 나 같은 팔자 어이 이리 곤궁하여 말만한 오막살이에 한 몸을 뉘이니 지붕 마루에 별이 뵈고, 문 밖에 가랑비 오면 방 안은 굵은 비 오고, 앞문은 살이 없고 뒷문은 수숫대만 남아 동지섣달 찬 바람이 살을 에이 듯 들어오고 어린 자식 젖 달라고 자란 자식 밥 달라니 차마 설워 못 살겠다."

형세는 이렇게 가난하되 밤 농사는 그리 잘 짓던지 어린 자식은 연년이 생겨 층층이 나이 먹으니 이 녀석들의 옷을 어찌하여 입히리오. 큰 놈 작은놈 몸을 못 가리고 한 구석에 오물오물 뭉개니 방문을 열어 보면 마치 멱 감는 냇가같이 아이 어른 다 벗고 있는지라.

기가 막힌 흥부가 옷 해 입힐 생각을 하려는데, 사흘에 한 끼도 들어가는 것이 없으니 어찌 옷이야 해 입힐 궁리가 떠 오르리요. 밤낮으로

---

* 말집 추녀가 사방으로 삥 돌아가게 지은 집.
* 차꼬 옛 형구의 한 가지. 기다란 두 개의 토막 나무 틈에 가로 구멍을 파서 죄인의 두 발목을 그 구멍에 넣고 자물쇠로 채우게 되었음.
* 휘주잡기 옥형리.
* 부귀 공명(富貴功名) 재산이 많고 지위가 높음과 공을 세워 드러난 이름.
* 금의 옥식(錦衣玉食) 좋은 옷과 좋은 음식.

궁리하되 계책이 없더니, '옳다, 수가 있다.' 하고 모두 다 몰아다가 한 방 안에 넣고 큰 멍석 한 닢 얻어다가 자식 수대로 구멍을 뚫고 위에서 덮어 씌우니 콩나물처럼 대강이만 내밀어 한 녀석이 똥을 누러 갈 양이면 여러 녀석들이 뒤따라가야 하는데, 그 중에서도 온갖 맛있는 음식은 골고루도 찾는다. 한 녀석이 내달으며,

"애고 어머니, 열구자탕*에 국수 좀 말아 먹었으면."

또 한 녀석이 나오며,

"애고, 나는 벙거짓골에 고기를 지지고 닭의 알 좀 풀어 먹었으면."

흥부 아내는 기가 막혀 하는 말이,

"에그 이 녀석들아, 호박죽도 못 얻어 먹으면서 온갖 맛있는 음식은 다 먹고자 하니 어찌 하란 말이냐."

집 안에 먹을 것이라고는 싸래기 한 줌 없어 다 망가진 개다리소반은 네 발만 춤추어 하늘을 축수하고 이 빠진 사발 대접들은 시렁 위에 사흘 나흘 엎드려만 있는데, 밥을 지어 먹자 하면 책력 긴 줄 보아 갑자일이 되어야 솥에 쌀이 들어가고 생쥐 쌀 알갱이를 얻으려고 밤낮 열사흘을 분주하게 찾다가 다리에 가래톳이 나서 종기를 터뜨리고 앓는 소리 세 동리가 시끄러우니 어찌 아니 슬프랴.

"아가 아가, 우지 마라. 아무리 젖을 달란들 어디서 쌀이 나랴."

이처럼 달랠 제 흥부 마음 착하여 덕을 본으로 삼고 악한 일 멀리 하며 물욕이 없는지라. 마음이 이러하니 부귀를 바랄쏘냐. 흥부 아내 하는 말이,

"여보 아이 아버지, 내 말씀 들어 보시오. 부질없이 청렴한 체 마오. 부질없는 청렴 말고 저 자식들 살려 보사이다. 저 건너 아주버님 댁에 가서 쌀이 되나 돈이 되나 양단간에 얻어 옵소."

---

* 열구자탕(悅口子湯) 신선로에 여러 가지 어육과 채소를 색스럽게 넣고 그 위에 각종 과일을 넣어 끓인 음식.

흥부 하는 말이,

"형님 댁에 갔다가 보리나 타고* 오게?"

흥부 아내 착한 마음에 보리라 하니까 먹는 보리로만 알고 하는 말이,

"여보, 배부른 소리 작작 하오. 보리는 흉년 곡식이라 늘려 먹기는 정말 쌀보다 낫습니다."

흥부 하는 말이,

"여보 마누라, 보리라니까 갈보리, 봄보리, 늦보리로 아나 보구려. 우리 형님이 음식 끝을 볼 양이면 사촌을 몰라 보고 가사목이나 물푸레 몽치로 함부로 치는 성품이니 그런 보리를 어떤 놈이 탄단 말인가?"

흥부 아내 하는 말이,

"애고, 이 말이 웬 말이오. '동냥은 아니 준들 쪽박까지 깨치리까.' 하는 말이 맞으나 아니 맞으나 해 봅시오."

흥부 이 말 듣고 마지못하여 형의 집으로 건너간다. 흥부 차림새를 볼 것 같으면, 앞살 터진 헌 망건에 모자 빠진 헌 갓을 실로 총총 얽어 매어 쓰고 깃만 남은 중치막*에 떨어진 고의 적삼 청올치로 대님 매고 헌 짚신 들메고 세살 부채 손에 들고 서 홉들이 오망자루를 꽁무니에 비슷 차고 바람 맞은 병인처럼 비슥비슥 건너 가서, 놀부 집 들어가며 전후 좌우 돌아보니 앞 노적 뒷 노적 멍의 노적 쌀 노적 담불담불 쌓였으니 흥부의 어진 마음 즐겁기 그지 없건만 놀부 심보 흉악하여 흥부 오는 싹을 보면 구박이 심한지라.

흥부 그 형을 보기도 전에 이왕에 맞던 생각을 하니 겁이 절로 나서 몸을 떨며 공손히 마루 아래 서서 두 손길을 마주잡고 절하며 문안하

---

* 보리타다 '매를 되게 얻어맞는 것'을 속되게 이르는 말.
* 중치막 소매가 넓고 길이가 길며 앞 두 자락, 뒤는 한 자락으로 된, 무가 없이 옆이 터진 네 폭으로 된 윗옷.

니, 다른 사람 같으면 와락 뛰어내려와서 잡아 올리며 형제간에 마루 아래 문안이 웬말이냐 하며 위로가 대단하련마는 놀부는 워낙 무도한 놈이라 흥부 온 일이 구걸하러 온 줄 알고 못 본 체하다가 여러 번째야 묻는 말이,

"네가 누구인가?"

흥부가 기가 막혀 대답하되,

"내가 흥부올시다."

놀부가 소리 질러 말하기를,

"흥부가 어떤 놈인가?"

흥부가 울며 하는 말이,

"애고 형님, 이 말씀이 웬 말씀이오? 마오 마오. 그리를 마오. 비나이다 비나이다. 형님 전에 비나이다. 세 끼를 굶어 누운 자식 살려 낼 길 전혀 없어 염치를 불구하고 형님 댁에 왔사오니 동기의 정을 살피셔서 벼가 되나 쌀이 되나 양단간에 주옵시면 품을 판들 못 갚으며 일을 한들 못 갚으리까. 아무쪼록 동기의 정을 살피셔서 죽는 목숨 살려 주옵소서."

이처럼 애걸하나 놀부 거동 보소. 맹호같이 날뛰며 모진 눈을 부릅뜨고 하는 말이,

"너도 염치 없는 놈이로다. 너는 어이하여 복이 없어 날마다 이리 보채느냐? 잔말일랑 듣기 싫다."

흥부 울며 하는 말이,

"어린 자식들 데리고 굶다 못하여 형님 처분 바라자고 염치 불구하고 왔사오니 만일 양식이 못 되거든 돈 서 돈만 주시오면 하루라도 살겠습니다."

놀부 더욱 화를 내며 하는 말이,

"이놈아, 들어 보아라. 쌀이 많이 있다 한들 너 주자고 노적을 헐 것

이며 돈이 많이 있다 한들 너 주자고 쾌* 돈을 헐랴. 가루 되나 주자 한들 너 주자고 대독에 가득한 걸 떠낼 것이며 의복 가지나 주자 한들 너 주자고 행랑 것들 벗길 것이며 찬 밥술이나 주자 한들 너 주자고 마루 아래 청삽살이 굶길 것이며 지게미나 주자 한들 새끼 낳은 돝을 굶길 것이며 콩섬이나 주자 한들 큰 소가 네 마리니 너를 주고 소 굶기랴? 염치 없는 놈이로다."

흥부가 하는 말이

"아무리 그러하실지라도 죽는 동생 살려 주오."

놀부가 화를 버럭 내며 벼락 같은 소리로 하인 마당쇠를 부르니 마당쇠가,

"예."

하고 오거늘, 놀부 분부하기를,

"이놈아, 뒤 광문 열고 들어가면 저 편에 보리 쌓은 담불이 있지."

이 때 흥부는 그 말을 듣고 내심 옳다, 우리 형님이 보리말이나 주시려나 보다 하고 은근히 기꺼하더니, 놀부놈이 마당쇠를 시켜 보리 섬 뒤에 쌓아 두었던 도끼자루 묶음을 내다 놓고 손에 맞는 대로 골라 잡더니 그만 달려들어 흥부 뒤꼭지를 잔뜩 훔켜쥐고 몽둥이로 함부로 치는데 마치 손 잰 중이 비질 하듯, 상좌중이 법고 치듯 아주 탕탕 두드리니 흥부 울며 하는 말이,

"애고 형님, 이것이 웬일이오. 우리 형제 어찌하여 이렇게 되었소. 아니 주면 그만이지 때리기는 무슨 일이오. 애고 어머니, 나 죽소."

놀부의 모진 마음 그래도 그치지 아니하고 지끈지끈 함부로 치다가 제 기운에 못 이기어 몽둥이를 내던지고 숨을 헐떡이며,

"이놈, 내 눈앞에서 뵈지 마라."

---

* 쾌 엽전 열 꾸러미, 곧 열 냥을 한 단위로 세는 말.

하고 사랑으로 분분히 들어가며 문을 벼락같이 닫으니, 이 때 흥부는 어찌나 맞았던지 몸이 느른하여 돌아갈 마음 그지 없건만, 그 중에도 형수나 보고 가려고 엉금엉금 기어 부엌 근처로 가니 놀부 아내가 마침 밥을 푸는지라. 흥부가 매 맞은 것은 고사하고 여러 날 굶은 창자에 밥 냄새 맡더니 오장이 뒤집히어,

"애고 형수씨, 밥 한 술만 주오. 이 시동생 좀 살려 주오."

하며 부엌으로 뛰어들어가니 이년 또한 몹쓸 년이라. 와락 돌아서며 하는 말이,

"남녀가 유별한데 어디를 들어오노?"

하며 밥 푸는 주걱으로 흥부의 마른 뺨을 지끈 때리니 흥부는 두 눈에 불이 화끈하며 정신이 어찔하다가 얼떨결에 뺨을 슬며시 만져 보니 밥이 볼때기에 붙었는지라.

일변 입으로 훔쳐 넣으며 하는 말이,

"형수님은 뺨을 쳐도 먹여 가며 치시니 감사한 말을 어찌 다 하오리까. 수고스럽지마는 이 뺨마저 쳐 주시오. 밥 좀 많이 붙은 주걱으로. 그 밥 갖다가 아이들 구경이나 시키겠소."

이 몹쓸 년이 밥 주걱은 놓고 부지깽이로 흥부를 흠씬 때려 놓으니 흥부 아프단 말도 못 하고 하릴없이 통곡하며 돌아오니 천지가 아득하더라.

이 때 흥부 아내는 우는 아이 젖 물리고 큰 아이 달래는 거동 가없다. 한 손으로 물레질을 왱왱 하며,

"아가 아가, 우지 마라. 어제 저녁 김 동지*집 보리 방아 찧어 주고 쌀 한 되 얻어다가 너희들만 끓여 주고 우리 양주는 이 때까지 잔입* 이라. 너희 부친 건너편 큰아버지 집에 가셨으니 돈이 되나 쌀이 되

* 동지(同知) 직함이 없는 노인의 존칭.
* 잔입 아침에 일어나서 아무것도 먹지 못한 입.

나 양단간에 얻어 오면 밥도 짓고 국을 끓여 너도 먹고 나도 먹자. 우지 마라. 우지 마라. 아가 아가, 우지 마라."

아무리 달래도 악치듯 우는 자식 무엇 먹여 그치리요. 머리 위에 손을 얹고 두 눈이 뚫어질 듯이 기다릴 제 흥부 아내 거동 보소. 깃만 남은 헌 저고리, 다 떨어진 누비 바지, 앞만 남은 몽당 치마 떨쳐 입고 목만 남은 헌 버선, 뒤축 없는 짚신 끌고 문 밖에서 바장이며 어린아이 달랠 적에 흥부 오기를 칠 년 가뭄에 큰비 기다리듯, 구 년 홍수에 볕발 기다리듯, 제갈공명* 칠성단에 동남풍 기다리듯, 강태공* 위수변에 주문왕 기다리듯, 남정 북벌에 명장 믿듯. 어린 아들 굿 구경 간 지 어미 기다리듯, 독수 공방 유정 낭군 기다리듯, 서너 끼 굶은 자식들 흥부 오기만 기다린다.

"어젯날은 수이 가더니 오늘날은 어찌 이리 더디 가노. 무정 세월 약류파도 오늘 보니 헛말이로다."

한창 이리 기다릴 제,

흥부는 매에 취하여 비틀비틀 걸어오니 흥부 아내 마중 나가며,

"아이 아버지, 다녀오시오? 동기간이 좋은 게로세. 큰댁에 가더니 술에 잔뜩 취해 오시는구려. 어서어서 들어가세. 쌀이거든 밥을 짓고 돈이거든 저 건너 김 동지 집에 가서 한 때라도 늘려 먹을 것을 팔아옵세."

흥부 듣고 기가 막혀,

"자네 말은 풍년일세."

흥부가 본디 동기간 우애가 극진한지라 차마 그 형

---

* **제갈공명**(諸葛孔明) 중국 삼국시대 때 사람으로, 제갈량을 자로 이르는 말. 유비를 도와 공을 세움.
* **강태공**(姜太公) 주(周) 나라 때의 어진 신하로, 문왕과 무왕을 도와 공을 세움.

제갈량

의 행사를 바로 못 하고 우애 있는 말로 하는데,

"여보 마누라, 큰댁에를 간즉 형님과 형수씨가 나오며 손을 잡고 인제야 오느냐 하며 안으로 데리고 들어가더니 좋은 약주도 주고 더운 점심 지어 주며 많이 먹으라 하시며 형님께서는 돈 닷 냥, 쌀 서 말 주시고 형수씨는 돈 석 냥, 팥 두 말을 주시며, 어서 건너가서 밥 지어 어린것들 살리라 하시고, 하인 불러 지워 가라 하시기에 하인은 그만두라 하고 내가 친히 짊어지고 큰댁에서 나서서 큰 고개를 넘어오다가 도적놈을 만나 다 빼앗기고 그저 왔네."

하며 눈에서 눈물이 비 오듯 하니 흥부 아내 생각에 시형 내외 마음을 짐작하는지라,

"그만두시오, 알겠소. 형님 속도 내가 알고 시아주버니 속도 내가 아오. 돈 닷 냥, 쌀 서 말이 웬 말이오? 내게 그런 말을 다 하시오?"

하며 자기 남편을 보니 피가 어지럽고 얼굴이 모두 부었으며 온몸을 만져 보니 성한 곳이 없으니 흥부 아내 기가 막혀 땅에 펄썩 주저앉으며,

"애고, 이것이 웬일인가. 가기 싫다 하는 가장 내 말 어려워 가시더니 저 모양이 웬 말이오. 팔자 그른 이 몹쓸 년 가장 하나 못 섬기고 이런 광경 당케 하니 잠시인들 살아 무엇하리. 모질고 악한 양반, 산같이 쌓인 양식 누구 주자 아껴서 저리 몹시 친단 말인고."

흥부의 착한 마음 형의 말은 아니 하고,

"여보 마누라, 슬퍼 마소. 가난 구제는 나랏님도 못 한다 하니 형님인들 어찌하시나. 우리 양주 품이나 팔아 살아가세."

흥부 아내 응순하고 서로 나서 품을 판다. 방아 찧기, 술집에 가 술 거르기, 초상난 집의 제복 짓기, 대사 치르는 집 그릇 닦기, 굿하는 집 떡 만들기, 시궁 발치 오줌 치기, 해빙하면 나물 캐기, 봄보리 갈아 보리 놓기, 온갖 품을 팔고, 흥부는 이월 동풍 가래질 하기, 삼사월에 부

침질 하기, 일등 전답 무논 갈기, 이집 저집 이엉 엮기, 날 궂은 날 멍석 맺기, 시장 가에 나무 베기, 술밥 먹고 말짐 싣기, 오 푼 받고 말편자 박기, 두 푼 받고 똥 재치기, 한 푼 받고 비 매기, 식전이면 마당 쓸기, 이웃집 물 긷기, 전주 감영 돈 짐 지기, 대구 감영 돈 등짐지기, 온갖 것을 다하여도 굶기를 밥 먹듯 하여 살길이 없는지라. 하루는 생각다 못하여 읍내로 들어가서 환곡*이나 한 섬 얻어 먹으리라 혼자 마음 먹고,

"여보 마누라, 읍내 잠깐 다녀오리이다."

하고 행장을 차리는데, 헙수룩한 머리에 헌 망건을 눌러 쓰고 울근불근 살이 보이는 다 떨어진 고의 적삼에 헌 행전을 무릎 밑에 높이 치고 헌 파립에 죽령을 달아 쓰고 노닥노닥 기운 중치막을 행세차로 떨쳐입고 뼘만한 곰방대를 손에 쥐고 어쓱비쓱 갈지자로 걸어 읍내로 들어가 길청*을 찾아가니 이방이 상좌에 앉았거늘, 흥부가 마루 위에 간신히 올라서며 죽어도 반말로,

"이방, 참 내가 왔지. 그 동안 청중에 일이나 없으며 성주께서도 안녕 하신지. 내가 삼십 리를 왔더니 허리가 뻣뻣하여 그저 앉자."

하더니 곰방대에 담배를 담아 먹으랴 하는데 이방이 하는 말이,

"연 생원, 어찌 들어왔소?"

흥부 하는 말이,

"환곡이나 좀 얻어 먹자고 왔는데 처분이 어떠할는지?"

이방이 하는 말이,

"가난한 사람이 나라 곡식을 어찌하자고 달라 할까? 그러나 연 생원, 매 더러 맞아 보았소?"

흥부 이 말 듣고 겁을 내며 하는 말이,

"매 맞는 일은 왜 하오? 그런 말은 말고 환곡이나 좀 얻어 주면 어린

---

* 환곡(還穀) 봄에 백성에게 꾸어 주었다가 가을에 받아들이던 곡식.
* 길청 군아(郡衙)에서 아전이 집무하던 곳.

자식들을 살리겠구먼."

이방이 하는 말이,

"환곡을 얻지 말고 매를 맞으시오. 이 고을 김 부자를 어느 놈이 영문에 거짓고소를 하여 김 부자를 상부로 잡아 올리라는 통첩이 왔는데, 김 부자는 마침 병이 나고 친척도 병이 있어 대신을 보내고자 하여 나를 보고 의논을 하니 연 생원이 김 부자 대신 영문에 가서 매를 맞으면 그 삯으로 돈 삼십 냥 줄 터이오. 그 삼십 냥은 예서 내어 줄 터이니 영문에 가서 매를 대신 맞고 오는 것이 연 생원 마음에 어떠하시오?"

흥부 이 말이 반가워서 매 맞기 어려운 생각은 아니하고,

"매는 몇 대나 되겠소?"

"한 삼십 대 될 터이지."

흥부 하는 말이,

"매 삼십 대를 맞으면 돈 삼십 냥을 다 나를 주나?"

"아무렴, 그렇지. 매 한 대에 한 냥씩이오."

흥부 이 말 듣고,

"여보 이런 말 내지 마오. 우리 동네 꾀쇠 아비가 알면 발등을 디뎌 먼저 갈 터이니 소문 내지 마시오."

이방이 돈 닷 냥을 먼저 주고 영문에 가는 통첩을 흥부 주며,

"어서 다녀오시오. 내 편지 한 장 갖다 영문 사령 주면 혹시 매를 쳐도 사정을 봐 줄 터이오. 또 김 부자가 뒤로 장청에 돈 백이나 보낼 터이니 염려 말고 어서 가오."

흥부 어찌 좋은지 반말하던 사람이 별안간 존대가 그지없다.

"여보 이방님, 다녀오리다."

굽실굽실 하직한 후 위선 노자 닷 냥을 둘러차고 자기 집으로 돌아오며 노래를 부르는데 돈 타령을 한다.

멀찍이서부터 마누라를 부르며,

"여보 마누라, 돌아보아라. 옛날 이선*이는 금돈 쓰고 한나라 관운장은 위나라에 가셨을 제 상마에 천금이요 하마에 백금을 말로 되어 드렸으되, 이러한 소장부는 읍내 한 번 꿈쩍하면 돈 삼십 냥이 우수수 쏟아진다. 마누라야, 거적문 열어라."

흥부 아내 좋아라고 내달으며,

"돈 말이 웬말이오? 일수 돈을 얻어 왔소, 월수 돈을 얻어 왔소, 오 푼 달변 얻어 왔소?"

흥부 하는 말이,

"아니로세, 일수는 왜 얻겠나?"

"그러면 길에서 얻어 왔소?"

흥부 하는 말이,

"이 돈은 횡재나 다름없는 돈일세."

흥부 아내 하는 말이,

"그러면 필경 길가에서 얻어 왔을 터이니 잃은 사람이 원통치 아니하겠소? 여보 아이 아버지, 돈 얻던 길가에 바삐 갖다 놓고 돈 임자가 와서 찾거든 도로 주고, 고맙다고 한 냥이나 주든지 두 냥을 주든지 그는 정당한 일이니 어서 가서 찾아 주오."

흥부 하는 말이,

"마누라 말을 들으니 본받을 말이로세. 내 말을 들어 보소. 내가 길가에서 얻은 돈도 아니요, 누가 나를 거저 준 돈도 아니라. 읍내를 들어가니 이 고을 김 부자를 어떤 놈이 얽어서 영문에 정하였는데, 지금 김 부자는 앓고 누구든지 대신 가서 볼기 삼십 대만 맞고 오면 돈 삼십 냥에 닷 냥을 노자로 주니 그 아니 횡재인가. 감영에 가서 눈 끔쩍하고 볼기 삼십 대만 맞았으면 돈 삼십 냥이니 횡재가 아닌가?"

---

* 이선(李仙) 조선 시대 한글 소설 〈숙향전〉에 나오는 남자 주인공.

흥부 아내 이 말을 듣고 깜짝 놀라 하는 말이,

"여보시오 아이 아버지, 매품 말이오? 남의 죄를 어찌 알고 대신이라니 웬 말이오. 살인죄를 저질렀는지 강도죄를 저질렀는지 남의 죄를 어찌 알꼬. 만일 영문에 올라갔다 여러 날 굶은 몸에 영문 곤장 맞게 되면 몇 안 맞아 죽을 터이니 어서 가서 그 일 그만두오. 마오 마오, 가지 마오. 만일에 갈 터이거든 나를 죽여 묻고 가오. 나 곧 죽어 모르면 그는 응당 가려니와 살려 두고는 못 가리다. 가지 마오, 제발 내 말대로 가지 마오. 만일 갔다가 매 맞아 죽게 되면 뭇 초상이 날 터이니 부디 내 말 괄시 마오."

이렇듯 강권하니 흥부가 옳게 듣기는 하나 돈 삼십 냥이 눈에 어른어른하며 볼기 몇 대만 맞았으면 그 돈 삼십 냥을 공돈같이 쓸 생각에 마누라를 어른다.

"여보 마누라, 쓸데없는 이 볼기짝 감영에 올라가서 볼기 삼십 대만 맞으면 돈 삼십 냥 생길 터이니 열 냥은 고기 사서 매맞은 것 추스르고 열 냥은 쌀을 팔아 집안 식구 포식하고 열 냥은 소를 사서 스무넉 달 어울이* 주었다가 그 소 팔아 맏아들 장가들여 그놈에게서 아들 낳으면 우리에게는 손자되니 그 아니 경사인가."

흥부 아내 그 말 듣고 생각하니 사리는 그러하나 이런 길은 못 가니 한사코 말리거늘 흥부 역시 할 수 없어 영문에 갈 마음 속으로만 혼자 먹고 겉으로는,

"그리하고, 아니 가리. 짚신이나 삼아 신게 저 건너 김 동지네 가서 짚 한 단 얻어 옴세."

이렇게 속이고 영문으로 올라갈 때 마삯이나 타고 가는 것이 아니라 돈 삼십 냥 한몫 받아 쓸 작정으로 하루 일백칠십 리씩 걸어 며칠 만에

---

* 어울이 남의 가축을 길러 자라거나 새끼를 낸 뒤에 임자와 나누어 가지는 제도.

영문에 다다르니 흥부가 생후 영문 구경은 처음인데 어디가 어디인지 알지 못하고 삼문 앞에서 어정어정 할 즈음에 마침 사령 하나가 오락가락하거늘 흥부 바라보다가 허허 웃고 하는 말이,

"그 사람이 털갓 뒤에다 붉은 꼭지를 달고 다니네."

하며 삼문 앞으로 들어가니 무수한 군뢰 사령*들이 여기 있고 저기 있어 방울이 떨렁하고 긴 대답 하는 소리 잦아졌다. 흥부 마음이 으슬으슬하여지며 걱정을 하는 말이,

"아마도 내가 저승에를 왔나 보다. 아무리 생각을 하여도 살아갈 수 없는데, 집에서 마누라 말이 옳은 것을 고집하고 왔더니."

하며 한참 이리 후회할 때 방울이 떨렁 긴 대답이 '예의.' 하거늘 흥부 겁결에 갓 벗고 상투를 내밀며 군뢰 앞에 들어가서,

"여보시오, 나 먼저 들어가게 하여 주시오."

사령들 하는 말이,

"웬 양반인지 미쳤소? 저리 가오."

흥부 대답하는 말이,

"여보시오, 사람을 놀리지 말고 어서 잡아들이시오."

사령 하는 말이,

"댁이 누구인데 어찌해서 여기 왔소?"

흥부 하는 말이,

"나는 우리 고을 김 부자의 대신으로 매맞으러 온 사람이올시다."

"그러면 댁이 보덕촌 사는 연 생원이오?"

"예, 그러하오이다."

그 중에 도사령이 아래 사령들 보고,

"여보게, 저 양반이 김 부자 대신으로 왔으니 아랫방에 들어앉히고

---

* 군뢰 사령(軍牢使令) 군대에서 죄인을 다루던 사령.

만일 매를 칠지라도 아무쪼록 사정을 보소. 우리 청에 편지와 돈 백 냥이 왔네."

여러 사령들이 흥부 위로할 제 마침 청령 소리 나며 무슨 행차가 삼문을 잡고 들어오더니 이윽고 영이 나리는데,

"각도 각읍 죄인 중 살인 죄인 외에는 모두 풀어 줍신다."

하니 도사령이 나와서 하는 말이,

"연 생원, 일 잘 되었소."

흥부 하는 말이,

"여보, 매를 맞게 되었소?"

도사령 하는 말이,

"무슨 죄인이든지 밖으로 다 풀어 주라시니 어서 집으로 가시오."

흥부 낙심하여 하는 말이,

"여보시오, 나는 매를 맞아야 수가 있소. 매 하나에 한 냥씩 작정하고 왔는데 그저 가면 낭패요."

사령 하는 말이,

"여보 연 생원, 이번에 김 부자 일로 여기에 왔는데 매아니 맞았다고 만일 돈을 아니 주거든 곧 영문으로만 오면 우리가 어찌하든지 돈 백을 받아 줄 터이니 어서 가시오."

흥부 하릴없이 돌아올 제 향청 근처를 지나다가 환자* 받는 데서 매질하는 것을 보고 하는 말이,

"거기는 매 풍년이 들었다마는."

하면서 집으로 돌아오며 신세 자탄을 하고 노자 남은 돈 냥으로 떡을 사서 짊어지고 집을 향하고 돌아가더라.

이 때 흥부 아내는 가장이 감영에 간 줄 알고 후원에 단을 모으고 정

---

* **환자(還子)** 각 고을의 사창(社倉)에서 백성에게 꾸어 주었던 곡식을 가을에 받아들임.

화수 길어다가 단 위에 올려놓고 비는 말이,

"비나이다, 을축생 연씨 가장 남의 죄 대신으로 매 맞으러 갔사오니, 하느님 어진 신명으로 무사히 다녀오기를 천만 축수 비나이다."

이렇듯이 정성 드린 후에 방 안으로 돌아와서 어린 자식 젖물리고 혼자 앉아 우는 말이,

"원수의 가난으로 하늘 같은 우리 가장 매품팔이 웬 말인고. 불쌍하신 우리 가장 영문 곤장 맞았으면 돌아올 날 없을 터이오. 태장을 많이 맞고 장독 나서 누웠는가, 매를 맞고 기운 없어 자진하였는가, 소식 몰라 어이 하나."

이렇듯이 울음 울 때 흥부가 집으로 돌아오니 흥부 아내 반겨라고,

"아이 아버지, 다녀오시오? 백방*으로 놓여 오나, 태장 맞고 돌아오나, 형장 맞고 돌아오나? 상처가 어떠하오?"

흥부가 매 못 맞고 그저 오는 데 화가 나서 그 마누라를 여지없이 꾸짖는데,

"나더러 상처를 묻느니 네 친정 할아비더러 물어라. 매 한 대 못 맞고 오는 사람더러 이년아, 장처니 상처니 다 무엇이냐?"

흥부 아내 이 말을 듣고,

"좋다 좋다, 지화자 좋을시고. 매 맞으러 갔던 낭군 매 안 맞고 돌아오니 이런 경사가 또 있는가. 매 맞으러 영문 갈 제 그 날부터 후원에 단을 모으고 하느님께 빌었더니 하느님 덕택으로 백방으로 돌아오니 반가울사. 못 먹고 주린 가장 영문 매를 맞았더면 속절없이 죽을 것을 그저 오니 좋을시고."

흥부 그 마누라 좋아하는 거동을 보고 기가 막혀 기쁜 마음 조금도 없고 신세 생각이며 어린 자식 살릴 생각을 하니 슬픈 마음이 폭발하여

＊백방(白放) 죄가 없음이 드러나서 놓아 줌.

눈물이 비 오듯 하고 무심중 통곡이 나오며 두 손으로 가슴을 쾅쾅 두드리니 흥부 아내 그 모양을 보더니 기뻐하는 마음은 어디로 가고 슬픈 마음이 다시 일어나 그 남편을 따라 울며 하는 말이,

"우지 마오, 우지 마오. 우리도 마음만 옳게 먹고 부지런만 하면 좋은 때를 만날지 어찌 아오리까."

흥부 그 말을 옳게 여겨 자탄 신세만 할 즈음에 마침 김 부자의 가족 하나가 지나다가 흥부 왔단 말을 듣고 와서 찾아보고 하는 말이,

"자네같이 주린 사람이 영문에 가서 그 매를 맞고 어찌 돌아왔나?"

흥부가 돈 받아 먹을라고 맞았노라 하려다가 마음이 본래 곧은 사람이라 정직하게 하는 말이,

"맞았으면 해롭지 아니할 것을 맞지를 못하였다네."

김씨가 그 말을 자세히 듣고 하는 말이,

"자네가 마음은 착한 사람일세. 나도 어디서 들었네마는 무사히 오고야 돈 달랄 수가 있는가. 내가 미침 있는 돈이 칠팔 냥 있으니 쌀말이나 사다 먹소."

하고 가거늘 흥부가 그 사람 가는 것을 보고 혼자말로,

"내가 매 한 대 아니 맞고 남의 돈을 공으로 먹으니 염치는 없거니와 열흘 굶어 군자 없다고 어찌할 수 있느냐."

하고 일변 쌀 팔고 반찬 사서 며칠 살았으나 굶기는 또 그 턱이라 어찌하면 좋으리요.

짚신 장사나 하여 보겠다 하고 하는 말이,

"여보 마누라, 저 건너 김 동지 집에 가서 짚 한 뭇*만 얻어 오소. 논밭 없어 농사 못 하고 밑천 없어 장사 못 하고 짚신 장사나 하여 보겠네."

＊뭇 하나의 볏단.

마누라 하는 말이,

"아쉬우면 가끔 가끔 얻어 오고 또 어찌 말을 하오? 나는 가서 말할 염치 없소."

흥부 화를 내어,

"그만두소, 내 가오리."

하고 그 길로 가서 김 동지를 찾으니 김 동지 나오며,

"자네 어찌 왔노?"

흥부 대답하되,

"많은 식구가 차마 굶어 못 살겠기로 짚신이나 삼아 팔자 하고 짚 한 뭇 얻으러 왔나이다."

김 동지 듣고 하는 말이,

"자네 불쌍도 하이. 형은 부자로되 자네는 저리 가난하니 어찌 아니 측은할까."

후면으로 돌아가 올벼 짚동 풀어 놓고 한 뭇 두 뭇 짝을 맞추어 내주니 흥부 사례하고 짚을 걸머지고 건너와서 짚신 한 죽 삼아 지고 장에 가 파니 겨우 서 돈을 받은지라. 쌀 팔고 반찬 사 가지고 돌아와서 어린 자식 데리고 한 끼는 살았거니와 짚인들 매양 얻을쏘냐. 흥부 탄식하고 어린 자식을 어루만지며 통곡하니 흥부 아내 기가 막혀 또한 울며 하는 말이,

"이내 형세 금옥 같은 자식 헐벗기고 굶주리니 그 아니 가련한가. 세상에 주린 사람 뉘라서 구원하며 마른 고기 한 말 물로 뉘 살리리. 이 세상에 답답한 일 가난밖에 또 있는가. 낙양 옥중 고생하던 숙낭자의 설움인들 이 고생에 더할쏘냐."

땅을 치며 우는 거동 차마 어찌 보리요. 흥부 울다가 그 마누라 경상 보고 일변 눈물을 거두고 위로하는 말이,

"설마 삼대까지 곤란할까. 마음만 옳게 먹으면 자연 신명이 도와 굶

어 죽지 아니하리니 울지 말고 서러워 마소."

이렇듯이 세월을 허송할 제 그 달 저 달 다 보내고 춘삼월 호시절을 당하여 삼월 삼짇날 다다르니 소상강 떼기러기 가노라 하직하고 강남서 온 제비 왔노라 나타날 제 고대 광실 다 버리고 흥부를 보고 반겨라고 지저귀니 흥부 제비를 보고 경계하는 말이,

"좋은 집이 많건마는 수숫대로 지은 집에 와서 네 집을 지었다가 오뉴월 장마에 집이 만일 무너지면 그 아니 낭패되랴. 아무리 짐승일망정 나의 말을 잘 듣고 좋은 집을 찾아가서 튼튼하게 집을 짓고 새끼를 치려무나."

이같이 경계하여도 저 제비 듣지 않고 흙을 물어다 집을 짓고 첫 새끼 겨우 쳐 날기 공부 힘을 쓸 새 사랑하더니 뜻 아니한 이무기 한 놈이 별안간 달려들어 제비 새끼를 모조리 잡아먹으니 흥부 보고 깜짝 놀라 하는 말이,

"흉악한 저 짐승아. 맛있는 것도 많건마는 죄 없는 제비새끼 모조리 잡아먹으니 악착하고 불쌍하다. 저 제비 인간에 해가 없고 옛 주인 찾아오니 제 뜻이 유정하되 제 새끼를 보존치 못하고 일시에 다 죽이니 어찌 아니 가련하리."

일변 칼을 들어 그 짐승 잡으려 할 제 저 제비 새끼 한 마리가 공중으로 뚝 떨어져 피를 흘리고 발발 떠는지라.

흥부가 이를 보고 펄쩍 뛰어 달려들어 제비 새끼를 두 손으로 곱게 들고 애처로이 여겨 하는 말이,

"불쌍하다, 저 제비야. 금수를 사랑하리."

부러진 다리를 칠산* 조기 껍질로 찬찬 감고,

"여보 마누라, 당사 실 한 바람만 주소, 제비 다리 동여매게."

---

* 칠산(七山) 전남 영광군에 있는 조기의 명산지.

흥부 아내 시집 올 때 가져온 당사 실을 급히 찾아 내주니 흥부 선뜻 받아 제비 새끼 상한 다리를 곱게 감아 매어 찬 이슬에 얹어 두었더니 하루 지내고 십여 일이 되더니 상한 다리 다 나아 줄에 앉아 우는 소리 들어보니,

"옛날에 여경일은 옥중에 갇혔을 때 까치가 기쁨을 갚고 태사 위상 범죄시에 참새 울어 복직하니 내 아무리 미물이나 은혜 어찌 못 갚으랴."

둥덩실 떠서 날아갈 제 소상강 기러기는 왔노라 하고 강남으로 가는 제비 가노라 하직한다.

강남 수천 리를 훨훨 날아가서 제비왕께 입시하니 제비왕이 물어 가로되,

"경은 어찌하여 다리를 절며 들어오는고?"

저 제비 여짜오되,

"신의 부모가 조선에 나가 흥부의 집에 깃들였더니 뜻밖에 이무기의 화를 입어 다리가 부러진 것을 주인 흥부의 구함을 얻어 살아 왔사오니 흥부의 가난을 면하게 하여 주옵시면 소신이 그 은공을 만분의 일이라도 갚을까 하나이다."

제비왕이 이 말 듣고 말하기를,

"측은한 마음은 성인의 뜻이니 흥부는 과연 어진 사람이라. 그 은혜를 어찌 아니 갚으리요. 과인이 박씨 하나를 주는 것이니 경이 가지고 나가 보은하라."

제비 사은하고 물러 나가 그렁저렁 그 해를 지내고 명년 삼월을 당하니 모든 제비 나갈 새 저 제비 거동 보소. 제비왕께 하직하고 허공 중천 높이 떠서 박씨를 입에 물고 너울너울 자주자주 바삐 날아 성도*에 들

---

* 성도(成都) 중국 사천성의 주도.

어가 미감 부인 모시던 별궁터 구경하고 장판교 이르러 장비*의 호통하던 곳을 구경하고 경화문 올라앉아 연경 풍물 구경하고 공중에 높이 떠서 만리 장성* 바삐 지나 산해관 구경하고 요동 칠백 리 봉황성 구경하고 압록강 얼른 건너 의주 통군정 구경하고 백마 산성 올라앉아 의주 성중 굽어보고 그 길로 평양 감영 이르러 모란봉 얼른 올라보고 대동강을 건너가서 황주 병영 구경하고 그 길로 훨훨 날아 송악산 빈터를 구경한 후 삼각산에 이르르니 명랑한 천봉 만학은 그림을 펴 놓은 듯 종각 위에 올라앉아 오고가는 행인들을 구경하고 남산을 올라가서 누에머리를 구경하고 당집 위에 올라앉아 장안 성내 굽어보니 즐비할사 보기도 장할시고. 그 길로 남대문 밖 내달아 동작강을 건너달아 바로 충청, 전라, 경상 남도 지경에 흥부 집 동리를 찾아 너울너울 넘노는 거동 북해 흑룡이 여의주를 물고 오색 구름 넘노는 듯, 단산의 어린 봉이 죽실을 물고 오동나무에 노니는 듯, 황금 같은 꾀꼬리가 봄빛을 띠고 왕래하듯 이리 기웃 저리 기웃 넘노는 거동 흥부 아내 먼저 보고 반기며 하는 말이,

"여보소 아이 아버지, 작년에 왔던 제비가 입에 무엇을 물고 와서 저리 넘노니 어서 나와 구경하오."

흥부 바로 나와 보고 심중에 이상히 여기더니 그 제비 머리 위로 날아들며 입에 물었던 것을 앞에다 떨구니 흥부 집어들고 하는 말이,

"여보 마누라, 작년에 다리를 다쳐 동여 주었던 제비가 무엇을 물어 던지네그려. 누런 것이 금인가 보네. 무슨 금이 이다지 가벼울까?"

흥부 아내 하는 말이,

* **장비**(張飛) 유비를 도와 공을 세운 명장.
* **만리 장성**(萬里長城) 중국 서쪽 가욕관에서 동쪽 산해관에 이르는 대성벽. 길이 약 2,400km

만리 장성

"그 가운데 누르스름한 것이 참말 금인가 보오."

흥부 하는 말이,

"금이 어디 있을까. 진평*이가 범아부를 잡으려고 황금 사만 근을 흩었으니 금이 어이 있으리오."

"그러면 옥인가 보오."

흥부 하는 말이,

"곤산에 불이 붙어 옥석이 다 탄 후에 간신히 남은 옥을 장자방*이 옥통소를 만들어 계명산 가을 밤에 슬피 불어 강동 팔천 자제를 다 흩어 버렸으니 옥도 이게 아니로세."

"그러면 야광주인가 보오."

"야광주도 세상에는 없나니, 제위왕이 위혜왕의 십이 승 야광주를 깨쳤으니 야광주도 없느니."

"그러면 유리 호박인가?"

"유리 호박 더욱 없나니, 당나라 장갈이가 유리 호박을 모두 술잔을 만들었으니 유리 호박이 어디 있으리요."

"그러면 쇤가 보오."

"쇠도 인제는 없나니, 진시황 위엄으로 구주의 쇠를 모아 금인 열둘을 만들었으니 쇠도 절종되었나니."

"그러하면 대모 산호인가 보오."

"대모는 병풍이요 산호는 난간이라, 광리왕이 수정궁 지을 때에 수중 보화를 다 들였으니 대모 산호도 아니로세."

"그러면 씨앗인가 보오."

흥부도 의혹하여 자세히 보니 한가운데 글 석 자를 썼는데 보은박이라 하였거늘,

---

* **진평**(陳平) 한나라 초기의 공신.
* **장자방**(張子房) 한 고조를 도왔다가 후엔 명리를 버린 사람.

"아마도 이것이 박씨로세. 뱀도 구슬을 물어다가 살린 은혜 갚았으니 보은하리 물어 왔는가. 뉘라서 주는 것을 흙이라도 금으로 알고 돌이라도 옥으로 알고 해라도 복으로 알지."

하더니 액이 있는 날을 피하여서 동편 울 아래 터를 닦고 심었더니 이삼 일에 싹이 나고 사오 일에 순이 뻗어 마디마디 잎이 나고 줄기마다 꽃이 피어 박 네 통이 열렸으니 대동강상 당두리 선같이, 종로 인경같이, 둥두렷이 달렸으니 흥부가 좋아라고 하는 말이,

"유월에 꽃이 떨어지니 칠월에 열매를 맺었도다. 큰 것은 항아리 같고 작은 것은 단지 같으니 어찌 아니 기쁠쏘냐. 여보소 아기 어머니, 비단이 한 끼라 하니 한 통을 타서 속을랑은 지져 먹고 바가지는 팔아다가 쌀을 팔아 밥을 지어 먹어 보세."

흥부 아내 하는 말이,

"그 박이 하도 유명하니 하루라도 더 굳히어 쾌히 단단하거든 따서 봅세."

이처럼 의논할 제 팔월 추석을 당하였는데 굶기를 시작하며 어린 자식들은,

"어머니, 배고파 죽겠소. 밥 좀 주오. 얼렁쇠네 집에서는 허연 것을 눈덩이처럼 뭉쳐 놓고 손바닥으로 비벼 가운데 구멍 파고 삶은 팥을 집어넣고 두 귀가 뾰족뾰족하게 만들어 소반에 놓습디다. 그것이 무엇이오?"

어미 하는 말이,

"그것이 송편인데 추석날 하여 먹는 것이란다."

또 한 녀석이 나오며,

"대갈쇠네 집에서는 추석에 쓰려고 검정 소 새끼를 잡습디다."

흥부 마누라 웃으며,

"아마 돼지를 잡는가 보다."

한참 이리할 제 흥부는 배가 고파 누웠는데 흥부 마누라 치마끈을 빠드드 졸라매고 목수네 집에 가서 톱 하나를 얻어다 놓고 굶어 누운 가장을 흔들흔들 깨우면서,

"일어나오 일어나오. 박이나 한 통 타서 박속이나 지져 먹읍시다."

흥부 마지못하여 일어나서 박을 따서 놓고 먹줄을 반듯하게 마친 후 양주 톱을 잡고 켠다.

"슬근슬근 톱질이야, 당기어 주소 톱질이야. 가난타고 설워를 마소. 팔자 글러 가난, 사주 글러 가난, 벌지 못하여 가난, 미련하여 가난, 산소 글러 가난, 밑천 없어 가난한 걸 한탄 마소."

흥부 아내 하는 말이,

"산소 글러 가난하면 아주버님은 잘살고 우리는 가난한가? 장손만 잘되는 산소던가? 에여라 톱질이야, 슬근슬근 당겨 주소. 이 박 한 통 타거들랑 금은보배가 나옵소서."

"밀거니 당기거니 슬근슬근 툭 타 놓으니 오색 구름이 일어나며 청의동자 한 쌍이 나오는지라."

흥부 깜짝 놀라 하는 말이,

"팔자가 그러더니 이것이 또 웬일인고. 박 속에서 사람 나오는 것 보아라. 우리도 얻어먹을 수 없는데 식구는 잘 보탠다."

그 동자 거동 보소. 이는 봉래산* 학 부르던 동자 아니면 필경 천태산 약 캐던 동자로다.

왼손에 병을 들고 오른손에 대모 쟁반을 받쳐 눈 위에 높이 들어 흥부 전에 드리며 하는 말이,

"은병에 넣은 것은 죽은 사람 혼을 불러내는 환혼주요, 옥병에 넣은 것은 앞 못 보는 소경 눈 뜨게 하는 개안주요, 금전지에 봉한 것은 말

---

* **봉래산**(蓬萊山) 신선이 사는 삼신산 중의 하나.

못하는 사람 말하게 하는 능언초와 곱사등이 반신불수 절로 낫는 소생초와 귀머거리 소리 듣는 총이초요, 이 보에 싸인 것은 녹용, 인삼, 웅담, 주사 각 종이오. 이 값을 의논하면 억만 냥이 넘사오니 팔아 쓰옵소서."

흥부 마음에 너무 황홀하여 연고를 물으려 한즉 동자 벌써 간데 없는지라. 흥부의 거동 보소, 춤을 추며,

"얼시고 좋을시고 지화자 좋을시고. 세상 사람 들어 보소. 박 속을 먹으려다 금시 발복 되었고나. 인간 천지 우주간에 부자 장자들이 재물이 많다 한들 이런 보배는 없을지니 나 같은 부자가 어디 또 있으리."

흥부 아내 하는 말이,

"우리 집에 약국을 벌였으면 좋겠네."

흥부 하는 말이,

"약국을 차리면 알 이가 누가 있어 약을 사러 올까. 내 마음에는 빠른 효험이 밥만 못 하이."

흥부 아내 하는 말이,

"그도 그러하오니 저 박에나 밥이 들었는지 또 켜 봅세."

하고 박 한 통을 또 따다 놓고 켜는데,

"슬근슬근 톱질이야, 당기어 주소 톱질이야. 우리 집이 가난하기 삼남에 유명터니 부자 득명 만만 재물 일조에 얻었으니 어찌 아니 좋을쏘냐."

흥부는 헛구구로 대중 없이 부르며 슬근슬근 톱질이야 쓱삭 쿡칵 툭 타 놓으니 박 속에서 온갖 세간이 다 쏟아져 나온다.

자개 함농, 반닫이며 용장, 봉장, 귀뒤주, 쇄금 들미 삼층장, 게자다리 옷걸이며 쌍룡 그린 빗접고비*, 용두머리 장목비*, 놋촛대, 백통 유

---

* 빗접고비 종이로 만들어 빗들을 넣어 두게 만든 제구.
* 장목비 수꿩 꽁지털로 만든 비.

기, 샛별 같은 요강, 타구 그득히 벌여 놓고, 구름 비단 이불, 비단 요며, 원앙 금침 잣베개를 반닫이에 쌓아 놓고 사랑 치레 더욱 좋다.

용목 책상, 벼룻집, 화류 문갑, 각게수리, 용연 벼루, 거북 연적, 대모 책상, 호박 필통, 황홀하게 벌여 놓고, 서책을 쌓았으되 〈천자〉, 〈유합〉, 〈동몽 선습〉, 〈사략〉, 〈통감〉, 〈논어〉, 〈맹자〉, 〈시전〉, 〈서전〉, 〈대학〉, 〈중용〉 길길이 쌓아 놓고, 그 곁에 순대모 안경, 화류 채경, 진묵, 당묵, 순황모 무심필을 산호 필통에 꽂아 놓고, 각색 지물이 또 나온다. 낙곡지, 별백지, 도첨지, 간지, 주지, 피딱지, 갓모, 유심, 식지 다 나오며 또 피륙이 나온다.

길주 명천 가는 베, 회령 종성 고운 베, 당포, 춘포, 육진포, 바리포, 자승포, 중산포, 가는 무명, 강진 해남 극세포, 고양 꽃밭들 이 생원의 맏딸아기 보름 만에 맞춰 내던 제목 관디차로 봉해 있고 의성목, 안성목, 송도 야다리목이며, 가는 모시, 굵은 모시, 임천 한산 극세저며, 각색 비단 또 나온다.

일광단 월광단, 서왕모 요지연에 진상하던 천도 무늬 황홀하고, 적설이 만공산한데 절개 있는 송조단, 등태산 소천하하던 공부자의 비단이요, 남양 초당 경 좋은 데 만고지사 와룡 비단이 꾸역꾸역 나오고, 쓰기 좋은 양태문, 매매흥성 수갑사, 인정 있는 은조사요, 부귀 다남 복수단, 삼순 구식 궁초로다.

꾸두럭 뚜벅 말굽 장단, 서부렁 섭적 새발 무늬, 뭉게뭉게 운문단, 만경창파 조개단, 해주 자주, 몽고 삼승, 모본단, 모초단, 접영, 영초, 관사, 길상사, 생수 삼팔, 왜사, 갑증, 생초, 춘사 등이 더럭더럭 나올 적에, 흥부 아내 좋아라고 이리 뛰고 저리 뛰며 하는 말이,

"붉은 단 퍼런 단아, 퍽도 많이 나온다. 우리 한풀이로 비단으로 다 하여 이어 봅시다."

비단 머리, 비단 댕기, 비단 가락지, 비단 귀이개, 비단 저고리, 적

삼, 치마, 바지, 속곳, 고쟁이, 버선까지 비단으로 하여 놓으니 흥부 하는 말이,

"여보 마누라, 나는 무엇을 하여 입을꼬?"

흥부 아내 하는 말이,

"아기 아버지는 비단 갓, 비단 망건, 당줄, 관자까지 모두 비단으로 하고 그것이 만일 부족하거든 비단으로 큼직하게 자루를 지어 내려 쓰시오."

흥부 웃으며,

"숨막혀 죽으라고 그러나? 또 한 통을 타 봅세."

먹줄 쳐서 톱을 걸어 놓고,

"어이여라 톱질이야, 수인씨*는 불을 내어 익혀 먹는 법을 가르치셨고, 복희씨*는 그물 맺어 고기 잡는 법을 가르치셨고 황제씨*는 백초를 맛보아서 약을 내고 잠총*은 누에치기 시작하여 만인간 입혔고 의적*은 술을 내고 여화씨*는 생황을 내고 채륜*은 종이 내고 몽염*은 붓 만들고 그나마 만물이 하느님의 창조함이니 우리는 박 타는 재주를 창조하여 봅세. 슬근슬근 당기어라."

슬근슬근 쓱삭 툭 타 놓으니 순금궤 하나에 금거북 자물쇠로 채웠으되 '흥부 열라.' 하였거늘 흥부 은근히 좋아라 하여 꿇어앉아 열고 보니 황금, 백금, 오금, 십성, 좋은 천은이며 밀화, 호박, 산호, 금패, 진주, 사향, 용뇌, 수은이 가득 찼거늘 쏟아 놓으면 여전히 가득가득 차고 쏟

---

* **수인씨(燧人氏)** 중국 고대의 삼황제 중 한 사람.
* **복희씨(伏羲氏)** 중국 고대의 삼황제 중 한 사람.
* **황제씨(黃帝氏)** 중국 고대의 삼황제 중 한 사람.
* **잠총(蠶叢)** 촉(蜀)나라 선인.
* **의적(儀狄)** 하(夏)나라 사람.
* **여화씨** 복희 다음의 임금.
* **채륜(蔡倫)** 후한(後漢)의 환관. 종이를 발명함.
* **몽염** 진(秦)나라 장군.

고 나서 돌아보면 그리로 하나 가뜩하니 흥부 내외가 좋아라 밥먹을 새 없이 밤낮 엿새를 부리나케 쏟고 보니 어언간에 큰 장자가 되었구나. 흥부 너무 좋아라고 그 마누라더러 하는 말이,

"이렇게 많은 재물을 집이 좁아 어디다가 두면 좋겠소? 우리 저 박 한 통 또 타고 집이나 지어 봅세."

하고 한 통을 따다 놓고 흥을 내어 컨다.

"여봅소 마누라, 정신 차리고 힘써 당겨 주소. 슬근슬근 톱질이야, 우 리 일을 생각하니 엊그제가 꿈이로다. 남 없이 고생타가 일조에 부잣 집 영감이 되니 어찌 아니 즐거우리. 슬근슬근 톱질이야, 당기어 주 소 톱질이야."

슬근슬근 툭 타 놓으니 박 속에서 일등 목수들과 각색 곡식이 나올 적에 목수 등은 우선 명당을 가려 터를 닦고 집을 짓는데 안방, 대청, 행랑, 곳간, 부챗살 추녀, 말굽도리, 안팎 분합, 물림과 살미, 살창, 가 로닫이 입 구(口)자로 지어 놓고 앞뒤 동산에 온갖 꽃을 가득 심고 양달 에 방아 걸고 응달에 우물 파고 문 앞에 버들 심고 울 밖에 원두 놓고 안팎 광에는 곡식이 쌓였으니 동편 광에는 성조가 만 섬이요 서편 광에 는 쌀 오천 섬, 앞뒤 광에는 콩 잡곡이 각 오천 섬이요 참깨 들깨가 삼 천 섬이요 또 따로 노적한 것이 십여 더미요 돈이 이십구만 천 냥이요 일용전 몇천 냥은 침방 속에 들어 있고 온갖 비단과 금은 보배는 다시 광에 쌓고 말 이 같은 사내종, 열쇠 같은 계집종, 앵무 같은 아이종 나 며 들며 심부름하고 우걱부리, 잣박부리 우걱지걱 실어 들여 앞뒤뜰에 노적하고 담불담불 쌓아 놓으니 흥부 아내 좋아라고 춤을 추고 돌아다 닌다. 흥부 하는 말이,

"여봅소 마누라, 춤추기는 명일이 끝이 없으니 덤불 밑에 있는 박 한 통 마저 켜 봅세."

흥부 아내 하는 말이,

"이 박을랑 켜지 마오."

흥부 가로되,

"내가 타고난 복을 어찌 아니 켜리오. 잔말 말고 톱이나 당기소. 슬근 슬근 톱질이야, 당기어 주소 톱질이야."

슬근슬근 툭 타 놓으니 박 속에서 꽃 같은 미인이 나오며 흥부에게 나붓이 절하거늘 흥부 크게 놀라 황급히 답례하고 하는 말이,

"뉘시건대 내게다 절을 하시오?"

그 미인이 아리따이 대답하되,

"저는 월궁선녀이옵니다."

"어찌하여 내 집에 와 계시오?"

선녀 대답하기를,

"강남국 제비왕이 날더러 그대 작은 부인이 되라 하시기로 왔사옵니다."

흥부 듣고 기뻐하나 흥부 아내 내색하고 하는 말이,

"에그, 잘 되었다. 우리가 전고에 없는 가난을 겪다가 인제 발복이 되었다고 저 꼴을 누가 두고 본단 말고. 내 언제부터 그 박은 켜지 말자 하였지."

흥부 하는 말이,

"염려 마소. 조강지처를 괄시할까?"

하고 고대광실 좋은 집에 처첩을 거느리고 즐거움으로 세월을 보내더라.

이 소문이 놀부의 귀에 가니 찢어 죽여도 죄가 남을 놈의 심술이 제 아우 잘 되었단 말을 듣고 생각하기를,

'이놈이 도적질을 하였나? 별안간 부자가 되었다니. 내 가서 억지를 부리면 재산의 반은 뺏어 오리라.'

하고 벼락같이 건너가 흥부 문전 다다라 보니 집 치레도 보던 바 처음 이요 고대광실 높은 집에 네 귀마다 풍경 소리라. 이를 보고 심술이 불

끈 솟아, 이놈의 주제에 맹랑하고 외람되다, 추녀 끝에 풍경 달고 이것들이 다 어디로 도적질 갔나 보다. 소리를 벼락같이 지르기를,

"이놈 흥부야!"

이 때 마침 흥부는 출타하고 흥부 아내 혼자 있다가 종년을 불러 이르기를,

"밖에 손님이 와 계신가 보니 나가 보아라."

앵무 같은 여하인이 대답하고 맵시가 똑똑 듣는 태도로 대문턱에 나가 서서,

"어디 계신 손님이오니까?"

놀부놈이 평생에 그런 모습은 처음 본지라 기가 차서,

"소인 문안드리오. 그러나 이 집 주인놈은 어디 갔나이까?"

저 계집 무안하여 쫓겨 들어와서 고하기를,

"어디서 미친 사람이 왔사옵니다. 생원님더러는 그놈 저놈 하고 쉰네를 보고는 문안드린다며 생트집이옵니다."

흥부 아내 의심하여 묻는 말이,

"그 양반 모양이 어떠하더냐?"

종년이 대답하기를,

"머리는 부엉이 대가리 같고 수리 눈에 왜가리 주둥이, 맹꽁이 모가지 몸뚱이로 욕심과 심술이 덕적덕적 하옵니다."

흥부 아내 듣더니,

"요란스럽다, 지껄이지 마라."

하며 일변 옷끈을 고쳐 매고 급히 맞아들이니 놀부놈은 괴춤에다 손을 넣고 뻣뻣이 서서 답례도 아니 하고 보더니 비단옷 호사한 것이 심술이 나서 한다는 말이,

"영문 기생으로 맵시내고 거들거리네."

흥부 아내 들은 척 아니 하고,

"그 동안 집안이 평안들 하시오니까?"

이놈의 대답이 트집이나 잡듯이,

"평안치 아니하면 어찌할 터이오?"

흥부 아내 모란석 비단 보료를 내어 깔며,

"이리로 앉으시오."

이놈이 옮겨 앉다가 부러 미끄러지는 체하더니 칼을 빼어 장판 방을 득득하며,

"에, 미끄러워. 그대로 두었다가는 사람 상하겠군."

벽에 붙인 글씨를 알아보는 듯이,

"웬 벽에 달은 저리 많이 그려 붙였을까?"

꽃밭의 화초를 보고,

"저 꽃을 당장 피게 하려면 동나무 서너 단만 들여 놓고 불을 지르면 단번 환하게 핍네다. 저 학두루미 다리가 너무 길어 못 쓰겠으니 한 마디 분지르게 이리 잡아 오오."

기침을 칵 하며 가래침 한 덩이를 벽에다 탁 뱉으니 흥부 아내 보다가 하는 말이,

"성천 놋타구, 광주 사타구, 의주 당타구, 동래 왜타구 갖춰 놓었는데 침을 왜 벽에다 뱉으십니까?"

놀부 하는 말이,

"우리는 본디 눈에 보이는 대로 아무 데나 뱉소."

흥부 아내 찻집*을 불러,

"점심 진지 차려 드려라."

놀부 하는 말이,

"아무 집이든지 계집이 너무 덤벙이면 집안이 망하는 법이라지. 아무

---

* 찻집 부유한 집에서 음식 장만 등 잡일을 맡아 보는 여자.

려나 반찬과 밥을 정하게, 맛있게 많이 차려 오렷다."

온 집안이 별성 행차*나 든 듯이 쌀을 희게 쓸어 질도 되도 아니하게 지어 놓고 벙거짓골, 너비아니, 염통 산적 곁들이고 난젓, 굴젓, 소라젓, 아감젓 갖춰 놓고 수육, 편육, 어호, 육회, 초장, 겨자 각기 놓고 각색 채소, 장볶이, 석박지, 동치미며 기름진 암소 가리* 잔 칼질하여 석쇠에서 끓는 대로 번차례 바꾸어 놓고 암치, 약포, 대하를 부풀려서 곁들이고 숭어구이, 전복채를 골고루 차려 놓고 은수저, 은주전자, 은잔대 반주를 따뜻이 데워 각상에 받쳐 들고 앵무 같은 어른종, 아이종이 눈썹 위에 공손히 들어 앞에 갖다 놓고 전갈 비슷이,

"마님께서 졸지에 진지를 차리느라고 찬수가 변변치 못하다고 하옵서요."

놀부가 생전에 이런 밥상은 처음 받아 보매 먹을 마음은 없고 밥상을 깨 두드려야 마음에 시원할 터이므로 수저를 들고 밥상을 탁탁 치며,

"이 그릇은 얼마 주고 또 이 그릇은 얼마나 주었소? 사발이 너무 크고 대접이 헤벌어지고 종지는 너무 작고 접시는 바라져야 좋지."

하며 함부로 두드리니 흥부 아내 보다가,

"당화기는 성이 말라 자칫해도 톡톡 터지니 너무 치지 마옵소서."

놀부놈 화를 내어,

"이 밥 아니 먹었으면 그만 아니오."

하며 발로 밥상을 탁 치니 상발은 부러지고 종지는 딩굴고 접시는 폭삭, 사발은 덜컥, 수저는 떵그렁, 국물은 주르르 장판 방 네 구석에 이리저리 흐르니 흥부 아내 하는 말이,

"아주버님 들으시오. 불평한 마음이 계시거든 사람을 치시지 밥상을 치십니까?"

---

* **별성 행차**(別星行次) 임금의 명으로 외국에 가는 사신의 행차.
* **암소 가리** 암소의 갈비를 식용으로 이르는 말.

부러진 상발, 깨어진 그릇, 흐르는 국물, 마른 음식 다 주워 담고 걸레, 수건으로 모두 다 씻어 내며,

"밥이 어떻게 중한 것이라고 밥상을 치셨소. 밥이라 하는 것은 나라에 오르면 수라요, 양반이 잡수면 진지요, 하인이 먹으면 입시요, 제 배가 먹으면 밥이요, 제사에는 진메이니 얼마나 중한가요. 동네가 알고 보면 쫓겨남이 싸고 관가에서 알면 볼기가 싸고 감영에서 알면 귀양도 싸오."

놀부 하는 말이,

"볼기를 맞아도 형의 대신 아우가 맞을 것이요, 귀양을 가도 아우나 조카놈이 대신 갈 것이니 나는 아무 걱정 없소."

한참 이리할 제 흥부가 들어오더니 제 형에게 공손히 엎드려 보이며,

"형님 행차하셨습니까?"

하며 일변 눈물을 떨어뜨리니 이놈 하는 말이,

"누가 죽었느냐? 이놈 눈깔 보기 싫다."

흥부 하인을 불러 분부하기를,

"큰생원님 잡수실 것 다시 차려 오너라."

놀부 떨뜨리고 하는 말이,

"이놈, 네가 요사이는 밤이슬을 맞는다 하는구나."

흥부가 어이없어 대답하되,

"밤이슬이 무엇이오?"

놀부 꾸짖어 말하기를,

"밤이슬을 맞고 다니며 도적질을 얼마나 하였느냐?"

흥부가 놀라 대답하기를,

"형님, 이 말씀이 웬 말씀이오?"

전후사를 세세히 고하니 놀부 하는 말이,

"이러하면 네 집 구경을 자세 하자."

흥부가 데리고 돌아다니며 보더니 그 넉넉한 거동을 보고 심중에 거염이 불붙듯 할 차 월궁선녀 나와 보이거늘 놀부놈 하는 말이,

"이는 어떤 부인이냐?"

흥부가 대답하기를,

"이는 내 첩이올시다."

놀부 골을 내어 하는 말이,

"아따 이놈, 첩이라니, 허황한 소리 말고 내게로나 보내라."

흥부가 대답하기를,

"이 미인은 강남 제비왕께서 주신 바요 이왕 내게 몸을 호적시켰으니 형님께로 보내는 것은 망발이올시다."

놀부가 말하기를,

"그는 그러하거니와 저기 눈부신 장은 이름이 무엇이뇨?"

흥부가 대답하기를,

"그것은 화초장*이올시다."

"그것은 네게 당치 아니하니 내게로 보내라."

"에그, 이것은 미처 손도 대 보지 못했나이다."

"아따 이놈아, 내것이 네것이요 네것이 내것이요, 네 계집이 내 계집이요 내 계집이 네 계집이니 무슨 관계가 있으랴마는 계집은 못 하겠다 하니 화초장이나 보내라. 만일 그도 못 하겠다 하면 온 집에다 불을 싸 놓으리라."

흥부가 말하기를,

"그러면 하인 시켜 보내오리이다."

"네놈에게 무슨 하인이 있으리요. 이리 내놓아라. 내가 질빵 걸어 지고 가리라."

＊ **화초장**(花草欌) 화초 무늬를 넣은 옷장.

흥부 하릴없어 질빵 걸어 주니 이놈이 웃옷을 벗어 척척 접어 장 위에다 얹더니 짊어지고 제 집으로 오다가 화초장 이름을 잊어버리고 다시 흥부 집으로 가서,

"이놈아, 장 이름이 무엇이냐?"

흥부가 나와,

"화초장이올시다."

놀부놈이 다시 짊어지고 이름을 잊을까 염려하여 화초장장 장 하면서 오다가 개천을 만나 건너갈 제 또 잊어버리고 생각하되,

"아차 아차, 무슨 장이라든가? 간장 초장 송장도 아니오."

이처럼 중얼대며 제 집 안으로 들어가니 놀부 계집이 내달으며,

"그것이 무엇이오?"

"이것 모르나?"

"과연 알지는 못하나 참 좋기도 하오그려."

놀부 말하기를,

"진정 모르나?"

놀부 계집 하는 말이,

"저 건너 양반의 댁에 저런 장이 있는데 화초장이라 하옵데다."

놀부가 말하기를,

"옳지, 화초장이지."

놀부 계집 욕심은 제 서방보다 한층 더하여 좋은 것을 보면 기절하기 일쑤이고 장에 갔다가 물건 놓인 것을 보든지 돈 세는 것을 보다가 죽어 엎드려져 업혀 와서 석 달 만에야 일어나는 위인이라. 어찌 욕심이 많든지 남의 혼인 구경을 가면 신부의 새 금침을 덮고 땀을 내어야 않지를 아니하는 년이라 화초장을 보더니 수선을 떠는데,

"얼시구 곱기도 하다. 우리 남편이 복인이지, 어디를 가면 그저 올리 만무하지. 수저 같은 것을 보면 행전 귀퉁이에 찔러 오거나 부젓가

락, 부삽 같은 것은 괴춤에 넣어 온다. 주발을 갓 모자에 넣어 온다. 강아지를 소매에 넣어 온다. 헛걸음은 않거니와 가던 중 제일일세. 어디서 가져왔소?"

놀부가 대답하기를,

"그것을 곧 알 양이면 이리 와서 듣소."

하더니,

"에그 분하여라, 흥부놈이 부자가 되었네."

놀부 계집이 바싹 다가앉으며,

"어떻게 부자가 되었단 말이오? 도적질을 한 것이지."

놀부가 하는 말이,

"작년에 제비 한 쌍이 흥부네 집에 와서 집을 짓고 새끼를 쳤는데 이 무기가 다 잡아먹고 한 놈이 날아가다가 떨어져 다리가 부러진 것을 흥부가 동여 주었더니 올 봄에 그 제비가 은혜를 갚노라고 박씨 하나를 물어다 준 것을 심었더니 박 네 통이 열리어 탄즉 보물을 무수히 얻어 부자가 되었다네. 우리도 제비 다리 부러진 것 하나 만났으면 그 아니 좋겠나."

하고 그 해 동지 섣달부터 제비를 기다린다. 그물 막대 둘러 메고 제비를 후리러 나간다. 한 곳에 다다르니 날짐승 하나가 떠 오거늘 놀부 하는 말이,

"제비가 이제야 온다."

하고 그물을 들어 잡으려 하니 제비가 아니요, 태백산 갈가마귀 차돌도 못 얻어먹고 주려 하늘에 높이 떠서 갈곡갈곡 울고 가니 놀부 눈을 멀겋게 뜨고 바라보다가 하릴없이 돌아다니면서 제비를 몰아들이려 하나 제비 오는 싹이 아주 없으니 성화를 하거늘 그 중에 어떤 놈이 놀부를 속이려고 놀부더러 하는 말이,

"제비를 아무리 기다린들 제비 있는 곳도 모르고 어찌 기다린단 말이

오. 제비 싹 일쑤 보는 사람이 있으니 데리고 다니면 쉬 알리라."
하거늘 놀부 듣고 기뻐하여 제비 한 마리 보는 데 스무 냥씩 정하고 높은 산에 올라 제비 싹을 바라보더니 그 사람이 놀부더러 하는 말이,

"제비야 한 마리가 강남서 먼저 나오니 머지 않아 자네 집으로 올 터이니 우선 한 마리 값만 먼저 내소."

놀부 기뻐하여 스무 냥을 준 후, 또 한참 바라보다가 놀부더러 하는 말이,

"제비 한 마리가 또 날아오니 이도 자네 집으로 오는 제비로세."

놀부놈이 제비 나온다는 말만 반가워 달라는 대로 값을 주고 그렁저렁 동지 섣달 다 지내고 봄이 돌아오니 놀부놈의 거동 보소, 제비를 후리러 나간다.

복희씨 맺은 그물을 후려쳐 둘러메고 제비만 후리러 나간다. 이어차 저 제비야, 흰 구름을 무릅쓰고 검은 구름을 박차고 나간다.

"너는 어디로 가려느냐? 내 집으로만 들어오소."

수많은 제비 중에 팔자 사나운 제비 하나가 놀부 집에 이르러 둥지를 틀기로 작정하고 흙과 검불을 물어다가 집을 짓고 알을 나서 안을 적에 놀부놈이 밤낮으로 제비 집 앞에 대령하여 가끔 가끔 만져 보니 알이 다 곯고 다만 한 개가 남아 새끼를 까매 때가 가고 날이 가니 그 새끼 점점 자라 날기를 공부하나 이무기를 밤낮으로 기다려도 자취가 없는지라.

놀부놈이 답답하여 뱀 하나 몰러 갈 제 삯꾼 십여 명을 데리고 두루 다니며 능구렁이, 살무사, 흙구렁이, 독구렁이, 무좌수, 살뱀, 율무기 되는 대로 모으려 하고 며칠을 다녀도 도마뱀 하나 못 보고 집으로 오는 길에 해포 묵은 까치독사 홍두깨만한 놈이 있거늘 놀부가 보고,

"얼시구 이 짐승아, 내 집으로 들어가서 제비 집으로만 스르르 지나가면 제비 새끼 떨어지는 날 나는 부자가 되는 것이니 네 은혜를 내

라서 갚되 병아리 한 뭇, 계란 열 개 한 번에 내줄 것이니 쉬 들어가자."

그 독사가 독이 나서 물려고 혀만 늘름늘름하니 놀부가 발을 내밀었다. 뱀이 성을 내어 놀부의 발가락을 딱 물어 떼는지라, 놀부가 입을 딱 벌리며 애코 하더니 눈이 어둡고 정신이 아뜩하여 일변 집으로 들어와 침을 맞고 석웅황을 바르니 모진 놈이라 죽지 않고 살아나서 제가 이무기인 체하고 제비 새끼를 잡아 내려 두 발목을 찌끈동 분지르고 제가 깜짝 놀라는 체하며 하는 말이,

"불쌍하다, 이 제비야. 어떤 몹쓸 이무기가 와서 네 다리를 분질렀노. 가련하고 불쌍하다."

이렇듯 경계하고 흥부처럼 칠산 조기 껍질로 부러진 다리를 싸고 청울치로 찬찬 동여 놓되 이놈은 워낙 무지한 놈이라, 제비 다리를 동이되 곱게 못 동이고 마치 사공의 닻줄 감듯, 육모얼레에 연줄 감듯, 각전 시정 통비단 감듯 칭칭 동여 제비 집에 얹어 두었더니 그 제비 간신히 살아나서 구월 구일을 당하매 모든 제비 들어갈 제 다리 부러진 저 제비 놀부 집을 떠나간다.

반공중에 높이 떠서 가노라 하직할 새,

"원수 같은 놀부야. 명년 삼월에 돌아와서 다리 분지른 은혜를 갚으리니 조이조이 잘 있거라. 지지워지지."

라 울고 돌아가 제비왕께 뵈오니 이 때 제비왕이 각처 제비를 점고할 새 다리 저는 제비를 보고,

"너는 어찌하여 다리를 저는고?"

그 제비 아뢰기를,

"작년에 폐하께서 웬 박씨를 내보내사 흥부가 부자가 된 연고로 그 형 놀부놈이 신을 생으로 잡아 여차여차히 하와 생병신이 되었사오니 이 원수를 갚아 주옵소서."

제비왕이 듣고 대로하여 말하기를,

"이놈이 불의의 재물이 많아 논밭과 곡식이 넘쳐흐르되 착한 동생을 구제치 아니하니 이는 오륜에 벗어난 놈으로 또한 심보가 고약하니 그저 두지 못할지라. 네 원수를 갚아 주리니 이 박씨를 갖다 주라."

제비 바라다보니 한 편에 금자에 썼으되 보수박*이라 하였거늘, 제비 사은하고 나와 명년 삼월을 기다려서 박씨를 입에 물고 강남서 떠나 하늘에 둥덩실 높이 떠서 밤낮으로 날아와 놀부 집을 바라고 너울너울 넘놀거늘 놀부놈이 제비를 보고 하는 말이,

"저 제비야. 어디 갔다 이제 오느냐. 소식적적 아득터니 봄 삼월 좋은 때에 날 찾아 돌아오니 그지없이 반갑도다."

저 제비 박씨 물고 이리저리 넘놀거늘 풀밭에 내려지면 잃을까 겁이 나서 삿갓을 제쳐 들고 쫓아가니 저 제비 박씨를 떨어뜨리는데 놀부놈이 좋아라고 두 손으로 집어 들고 자세 보니 한 치나 되는 박씨에 글씨를 썼으되 '보수박'이라 뚜렷이 썼으나 무식한 놈이 어찌 알리요.

다만 은혜 갚을 박씨라고 기뻐하여 좋은 날 가리어 동편 처마 아래 거름 놓고 심었더니 사오 일이 지난 후에 박의 싹이 나더니 그 날로 순이 돋고 삼일 만에 덩굴이 뻗는데 줄기는 배 돛대만하고 박잎은 고리짝만씩하게 사방으로 얼크러져 동네 집을 다 덮으니 놀부 동네로 다니며,

"남녀 노소들은 내 말을 들으시오. 내 박순 다치지 마시오. 집이 무너지면 새로 지어 주고 기물이 깨어지면 십동갑으로 값을 쳐 주고 박 속에서 비단이 나오면 배자* 감, 휘양* 감을 줄 것이니 박덩굴만 다치지 마시오."

---

* 보수(報讎)박 '원수를 갚는 박'이라는 뜻.
* 배자(褙子) 저고리 위에 덧입는 옷.
* 휘양 머리에 쓰는 방한구의 한 가지.

이 박덩굴이 별로이 무성하여 마디마디 잎이요, 줄기마다 꽃이 피어 박 십여 통이 열렸으되, 크기가 만경 창파의 당도리선* 같이, 백운대 돌바위같이 주레주레 열렸구나. 놀부 기뻐하여 저의 계집과 의논하는 말이,

"흥부는 박 네 통 가지고 부자가 되었으나 우리는 박 십여 통이 열려 있으니, 그 박을 다 타게 되면 천하 장자 될 것인즉, 만승 천자*를 부러워할까."

이처럼 좋아하며 그 박 굳기만 손꼽아 기다릴 제 하루가 이틀씩 포집어 가지 않는 것을 한하더니 그렁저렁 여름 석 달 다 지나고 팔구월을 당하니 십여 통 박이 하나 썩은 것도 없이 쇠뭉치처럼 굳었구나.

놀부놈의 거동 보소.

어서 박을 켜서 재물을 얻으려고 그 중에 먼저 열린 큰 박 하나를 우선 따다 놓고 저의 계집과 켜려 하니 그 박이 쇠처럼 굳어 저희끼리는 할 수 없는지라. 하릴없이 삯꾼을 얻는데, 우선 건너 동네 목수를 청하여 먹통, 자 가지고 오라 하고 이웃 동네 병신이든지 성한 사람이든지 힘꼴이나 있는 자는 다 청해 놓고 밥 세 때, 술 다섯 차례, 개를 잡고 돝을 잡아 먹이며 망할 때가 되어 그렇던지 전에는 밥 한 술 남 주는 법 없고 제사 음식도 차리는 법이 없던 위인이 한 독 술, 섬 떡을 함부로 하여 놓고 동네 사람을 다 청하여 푸짐히 먹이며 삯을 후히 정하려 하니, 그 중에 언청이와 곱사등이 두 사람이 기운이 세어 동리 사람이 가라 하지 못하는 위인이라. 이 날 때나 만난 듯이 두 놈이 내달아 하는 말이,

"매통에 스무 냥씩은 선셈을 해 주어야 우리 둘이 나눠 먹겠다."

곱사등이 그 말을 잇달아 내달으며,

---

* 당도리선 바다로 다니는 큰 나무배.
* 만승 천자(萬乘天子) 황제를 높여 일컫는 말.

"아무렴 그렇지. 그것 덜 받고 그런 힘드는 일을 할 잡놈이 어디 있겠나. 여보 놀부, 들어 보게. 이것이 자네 일이고 동네 정분으로 삯을 이처럼 싸게 정하였으니 그런 줄이나 알고 재물 얻은 후에는 다시 상금으로 생각하소."

놀부 마음이 흐뭇하여 박 열 통에 선금으로 이백 냥을 선뜻 내어 주니 언청이, 곱사등이 두 놈이 반분하여 가진 후에 박 한 통을 들여 놓고 켠다. 곱사등이가 톱을 먹이는데,

"슬근슬근 톱질이야."

언청이가 소리를 받아 하는데,

"흘근흘근 홉질이야."

곱사등이 하는 말이,

"이놈 째보야, 홉질이란 말이 무슨 소리냐?"

째보 하는 말이,

"입술 없는 놈이 무슨 소리를 잘 하겠느냐마는 이 담은 잘 할 것이니 염려 마라."

곱사등이 소리를 먹인다.

"슬근슬근 톱질이야, 힘을 써서 당겨 주소."

언청이 째진 입을 억지로 오므리고 소리를 받기를,

"어이여라 꿍이야 캉키어 주소."

곱사등이 언청이의 뺨을 딱 붙이며,

"이놈, 눌더러 흐끙흐끙이야 하느냐?"

언청이 하는 말이,

"너더러 욕을 하였으면 네 아들놈이다."

곱사등이 하는 말이,

"그러면 뺨을 잘못 쳤고나. 오냐, 이따 칠 뺨 있거든 시방 친 뺨으로 대신 메우자. 어이여라 톱질이야, 슬근슬근 당기어 주소."

째보 이어서 받기를,

"에이여라 홉질이야."

곱사등이 하는 말이,

"이놈 째보야, 삯을 후히 받고 남의 술밥만 잔뜩 먹고 보물 박을 타면서 그래도 홉질이란 말이냐? 이 쪽 뺨마저 맞겠다."

언청이 화를 내어,

"네가 내 뺨 맡아 놨느냐? 여차하면 뺨을 치게. 언제라 외조할미 콩죽 먹고 살았으랴? 이놈, 네 꼬부라진 허리를 펴 놓으리라."

곱사등이 의심하여 눙치고,

"어서 타자. 홉질 소리만 말아라. 어이여라 톱질이야."

언청이는 길게만 빼어 소리한다.

"어여라 흘근흘근 당기어라. 어이여라 톱질이야. 어여라 애고 고질이야."

한참 이리할 제 슬근슬근 흘근흘근 툭 타 놓으니 박 속에서 글 읽는 소리가 나되 한 양반이 〈맹자〉를 읽는다.

"맹자 견 양혜왕 하신대."

또 한편에서는 〈통감〉 초권을 읽는다.

"이십삼 년이라 초명진대부 위사 조적 한건하여 위제후 하다."

또 한편은 도련님이 앉아 〈천자〉를 읽는다.

"하늘 천 따 지 가물 현 누르 황."

늙은 양반은 관을 쓰고 젊은 양반은 갓을 쓰고 새 서방님은 초립 쓰고 도련님은 도포 입고 꾸역꾸역 나오니 놀부 기막혀 하는 말이,

"어디로 백일장 보러 가시오?"

저 생원님 호령하되,

"이놈 놀부야, 네 아비 개불이와 네 어미 똥녀가 댁 종 노릇 하다가 한밤중에 도망한 지 수십 년에 인제야 찾았구나. 네 어미 아비 몸값

삼천 냥이니 당장에 바치렷다."

일변 업쇠를 불러 결박을 하는데 참바, 짐바, 빨랫줄로 아래위를 잔뜩 묶어 낙락 장송에 높이 달아매고 참나무 절구공이로 함부로 짓찧으며 분부하기를,

"네가 몇 형제인가?"

놀부 겁결에,

"독신이올시다."

"계집 동생은 없는가?"

놀부 대답하기를,

"누이 삼형제올시다."

"맏년은 몇 살인고?"

"지금 스물두 살이올시다."

"네 집에 그저 있는고?"

"용산 삼개 큰 배 부리는 부자의 첩으로 주었습니다."

"둘째 년은?"

놀부 여쭈기를,

"지금 열아홉 살이온데 다방골 공물 도장*의 첩이 되었습니다."

"셋째 년은 어디로 갔는고?"

놀부 여쭈기를,

"셋째는 올해 열여섯이온데 아직 출가치 못하옵고 그저 있습니다."

그 양반이 기뻐하여,

"내가 박통에 들어 앉아 심심하더니 그년 데려오너라. 인물이 쓸 만하면 내가 첩을 삼겠다."

놀부 겁결에 대답은 하였으나 어디 누이가 있어야 데려오지. 이런 걱

＊공물 도장(公物道場) 관청의 물건을 취급하는 곳.

정이 있나. 놀부 계집이 보다가 답답하여 하는 말이,

"서방님네 잘 산단 말은 조금도 아니 하고 없는 누이를 있다 하여 당장 데려오라 하니 이런 걱정이 있단 말이오."

놀부 뒤꼭지 치며 하는 말이,

"흥부를 망신시키자고 마음먹고 한 말이 입 밖에 나오면 딴 소리가 되고 딴 사람이 되네그려. 아기 어머니가 머리를 따 늘이고 들어갈 수밖에 수 없네."

놀부 계집 하는 말이,

"첩을 삼겠다 하는데 어찌 가오. 없다고 하오그려."

놀부놈이 첩 삼겠다는 말에는 깜짝 놀라 들어가서 고하기를,

"소인의 누이가 놀라서 어디로 달아나고 없으니 황송하오이다."

저 양반이 골을 잔뜩 내며 호령하기를,

"달아나면 어디로 갔을꼬. 어서 바삐 데려오라."

놀부 기가 막혀 돈 삼천 냥을 은근히 드리며,

"용서하여 주옵소서."

그 생원이 못 이기는 체하고 놀부 불러 하는 말이,

"돈을 쓰다가 떨어질 만하거든 또다시 오마."

하고 가거늘 간 뒤에 놀부 계집 탄식하며 하는 말이,

"고개 너머 서방님네는 첫 통에 보물이 있더라 하니 그것은 웬일이며 우리는 무슨 일로 첫 통에 상전이 나왔소? 그 박 타지 맙시다."

놀부 하는 말이,

"흥부네도 모르면 모르거니와 첫 통에 양반이 나왔겠지. 그 각다귀 같은 양반 떼가 게라고 아니 갔겠나."

곱사등이 어디 가 숨었다가 나오며,

"여보게 놀부야. 보물이 호령을 그렇게 하며 웬 돈을 그처럼 **뺏어 가나?**"

언청이 나오며,

"놀부 자네 비단이 나오면 삯전 외에 주머니 감 주마 하더니, 그 양반들 따라온 하인이 내 주머니를 떼어 갔다. 그놈에게 부대낀 생각을 하면 비단도 귀치않고 고만 타겠다."

놀부 할 말 없으니깐 언청이를 원망하는 말이,

"이는 네가 톱질도 잘못하고 소리도 괴이하게 한 까닭으로 보물이 변하여 재앙이 되고 내 뜻을 떠 보느라고 그런가 보니 차후는 아무 소리도 말고 톱질이나 힘써 당기어라."

째보가 삯받기에 골몰하여 아무 말도 못 하고 그러마 하고 또 한 통을 따다 놓고 탈 새,

"슬근슬근 톱질이야, 당기어 주소 톱질이야."

째보는 아무 소리도 못 하고 당기거니 밀거니 슬근슬근 툭 타 놓으니 박 속에서 우르르 하고 가야고 든 놈, 징·꽹과리 든 놈 한 패가 나오더니 하는 말이,

"우리가 놀부의 인심이 좋단 말을 듣고 일부러 왔으니 한바탕 놀고 갑세. 돈은 자연 후히 줄 터이니."

둥덩둥덩 사면으로 뛰놀며 함부로 욕하며 쌀 섬을 내놓아라, 돈 백 냥을 내놓아라, 술밥을 내놓아라 정신 없이 지저귀니 놀부 그 거동을 보고 어이없어 일찍 쫓아 보내는 것이 상책이라 하고 돈 백 냥, 쌀 한 섬 주어 보낸 후 또 한 통을 따다 놓고 켜는데,

"슬근슬근 톱질이야, 힘을 써서 당기어라."

슬근슬근 쓱싹쓱싹 툭 타 놓으니 박 속에서 한 노승이 나오는데, 세대 삿갓 숙여 쓰고 백팔 염주 목에 걸고 먹장삼 떨쳐 입고 대지팡이 손에 들고 나오며, 나무아미타불 관세음보살 나무대세지보살을 쉴새없이 불러 염불하며 그 뒤에 상좌중들이 바라, 요령, 경쇠, 북을 들고 나오면서,

"이놈 놀부야, 우리 스승님이 네 집을 위하여 칠칠이 사십구 일을 정

성들였으니 재물로 의논하면 몇만 냥이 될지 모르니 돈 오천 냥만 바
쳐라.”

놀부 묻는 말이,

“나를 위하여 무슨 재*를 한단 말이오?”

노승이 다시 꾸짖어 말하기를,

“이놈 놀부야, 들어 보아라. 네 수없는 재물을 턱없이 바라니 부처님
께 재도 아니 올리고 공연히 재물을 얻을까 싶으냐?”

놀부 묻는 말이,

“그러하면 이 담에는 재물이 나오리까?”

노승이 말하기를,

“이 뒤에 나오는 사람은 자세히 알 듯하다.”

놀부 재물이 생기도록 불공하였다는 말을 듣고 돈을 아끼지 아니하
여 돈 오천 냥을 주어 보내니 째보 하는 말이,

“이번도 내 탓이오?”

하며 비웃거리니 놀부 분함을 이기지 못하는 중에도 이 뒤에 재물이 나
온단 말에 비위가 동하여 또 한 통을 따다 놓고 째보를 달래어 켜라 하
니 놀부 계집 하는 말이,

“켜지 마오, 제발 덕분에 켜지 마오. 그 박을 켜다가는 패가 망신할
것이니 제발 덕분에 켜지 마오.”

놀부놈이 화를 내어 꾸짖는 말이,

“요사스러운 계집년이 무슨 일을 아노라고 방정맞게 날뛰는고.”

주먹으로 관자놀이를 쳐서 쫓은 후에 째보와 곱사등이를 달래어 박
을 켠다.

“슬근슬근 톱질이야, 당기어 주소 톱질이야.”

---

* 재 성대한 불공이나 죽은 이의 명복을 비는 법회.

슬근슬근 쓱싹쓱싹 툭 쪼개 놓고 보니 박 속에서 요령 소리가 나더니 명정* 공포*가 앞서 나오며 상여 한 채가 나온다. 전나무 대채를 편 숙마줄로 걸어 메고 상두 소리를 하는데,

"너호 너호! 남문 열고 바라 쳤네. 계명 산천이 밝아 온다. 너호 너호! 앞 고달이 팽돌남아, 일락서산 해 떨어진다. 젓가락은 웬일이냐. 뒤 고잡이 김돌쇠야, 남의 다리 아파 온다. 기어가기는 웬일이냐. 너호 너호."

그 뒤에 상제 다섯이 나오는데 모두 병신 상제만 나온다. 곱사등이 상제, 소경 상제, 언청이 상제, 귀머거리 상제, 벙어리 상제, 합 다섯이 나온다.

"불쌍하다 불쌍하다, 소경 상제 불쌍하다."

소경 상제 거동 보소. 슬피 울며 따라갈 제 소경 상제 속이려고 상두 소리 없이 요령 소리 없이 가만가만 메고 가니 소경 상제 의심하여,

"요놈들, 앞 못 보는 사람을 속여? 눈 어둔 사람 속이면 큰 벌을 받느니라."

이 때 마침 마주잡이 송장이 지나가며 너호 너호 소리 하니 소경 상제가,

"옳지, 우리 상여 여기 간다."

하며 대고 울고 따라가니 상두꾼 하는 말이,

"저 상제 잘못 오오."

소경 상제 가장 아니 속는 듯이,

"너호 너호 소리를 하고서 누구를 속이려고?"

하면서 따라갈 제 저 편에서 상여 소리를 또 내며,

"소경 상제 어서 오소. 너호 너호 동무들아, 너호 너호 놀부가 부자란

---

* **명정**(銘旌) 죽은 사람의 품계, 관직, 본관, 성명을 적은 기. 다홍 바탕에 흰 글씨로 씀.
* **공포**(功布) 관을 묻을 때 관을 닦는 삼베 헝겊.

다. 대접 잘못하거든 담뱃대로 먹여대자."

너호 너호 하고 상여를 놀부 집 마당에 내려놓고,

"이놈 놀부야 대감 진지는 백여 상이니 소 잡고 잘 차려라."

맏상제 나앉으며,

"우리가 강남서 오기는 네 집터에 산소를 모시자고 왔으니 바삐 한 채를 헐고 논밭은 있는 대로 팔아 들여라. 갖은 석물을 세우고 가겠다."

이리할 제 상두꾼들이 놀부를 서슬 있게 부르더니,

"이놈 놀부야, 돈 만 냥만 주면 상여를 우리가 도로 메고 가마. 상여만 없고 보면 송장 없는 장사를 지낼 터이냐?"

놀부 생각에 그 말이 옳은 듯하여 논밭을 급히 헐값에 팔아 돈 삼천냥을 내놓으니 상두꾼들이 상여를 메고 가는지라. 놀부놈 따라가며,

"여보, 다른 통에 보물 없소?"

상두꾼 하는 말이,

"어느 통에 들었는지 모르나 금덩어리 한 통이 들기는 들었습네."

놀부놈이 옳다 하고 박 한 통을 따다 놓고,

"슬근슬근 톱질이야, 당기어 주소 톱질이야."

슬근 쓱삭 툭 타 놓으니 박 속에서 팔도 무당들이 뭉게뭉게 나오더니 징, 북을 두드리며 각색 소리를 다한다.

"청유리라 황유리라, 화장 청정 세계는 대부진 각씨로 놀으소서. 밤은 닷새, 낮은 엿새 사십 용왕 팔만 황제가 놀으소서. 내 집 성조 와가 성조, 네 집 성조 초가 성조, 오막 성조, 집동 성조가 절절히 놀으소서. 초년 성조 열일곱, 중년 성조 스물일곱, 마지막 성조 쉰일곱, 성조 삼위가 대할례로 놀으소서."

또 한 무당이 소리한다.

"성황당 뻐꾹새야, 너는 어이 우짖느냐, 속 빈 공양 나무 새 잎 나라고 우짖노라. 새 잎이 우거지니 속잎이 날까 하노라. 넋이야 넋이로

다, 녹양 심산 넋이로다. 영이별이 정송하니 정수 없는 길이로다."

이런 별별 소리도 하고 또 한 무당 소리한다.

"바람아, 월궁에 달월이로다. 월광 안신 마누라 설설히 내리소서. 하루도 열두 시요 한 달 서른 날, 일 년 열두 달, 과년은 열석 달, 만사를 도와 주소서. 안광당 국수당 마누라, 개성부 덕물산 최영 장군 마누라, 왕십리 아기씨당 마누라 설설히 내리소서."

놀부 모든 무당 굿하는 광경을 보고 식혜 먹은 고양이* 모양으로 한 구석에 섰으니, 무당들이 장구통을 들어 놀부놈의 흉복통을 벼락같이 치니 놀부놈이 눈에서 번갯불이 나는지라. 분한 중 슬피 울며 비는 말이,

"이 어인 곡절이뇨. 맞아 죽을지라도 죄명이나 알고 죽으면 원이 없겠으니 제발 덕분에 살려 주오."

무당들 하는 말이,

"이놈 놀부야, 다름 아니라 우리가 네 집을 위하여 굿을 많이 하였으므로 죽을 힘이 다 들었으니 값을 바치되 일 푼 틀림 없이 꼭 오천 냥을 바쳐라. 만일 거역하면 네 대가리를 빼 놓으리라."

놀부놈이 대접하여 오천 냥 내주고 애걸 복걸하여 보낸 후에 열에 바쳐 하는 말이,

"성즉성 하고 패즉패라. 남은 박을 또 따다 타 보리라."

하고 한 통을 따다 놓고 째보더러 당부하는 말이,

"이왕 켠 박은 모두 헛일이니 신수 불길한 탓이라. 다시는 너를 시비할 개자식 없으니 염려 말고 어서 켜 다고."

째보놈 하는 말이,

"만일 켜다가 중병이 나면 뉘게다 떼를 쓰려고 이런 시러베 아들 소리를 하느냐? 우스운 자식 다 보겠다."

---

*식혜 먹은 고양이 잔뜩 찌푸린 얼굴을 비유적으로 이르는 말.

놀부 눙쳐 타이르되 째보는 떨더리며 하는 말이,

"복 없는 나를 권치 말고 유복한 놈 얻어 타라."

놀부 하는 말이,

"아따 이 사람아, 내가 맹세를 주홍같이 하였거늘 다시 자네를 탓할까? 만일 무슨 시비를 또 하거든 내 뺨을 개 뺨 치듯 하소."

하고 공전 스무 냥을 삯전 외에 더 주니 째보놈이 못 이기는 체하고 받아 꽁무니에 집어 넣고 박을 탈 새,

"슬근슬근 톱질이야, 당기어라 톱질이야."

밀거니 당기거니 슬근슬근 타다가 우선 들여다보니 박 속에 금빛이 비치거늘 놀부 가장 낌새나 아는 듯이,

"이애 째보야, 저것 보이느냐? 이 박은 짜장 황금이 든 박통이니 어서 타고 바삐 보자."

슬근슬근 툭 타 놓으니, 아따, 박 속에서 수천 명 등짐 장수들이 빛 좋은 누런 농을 지고 꾸역꾸역 나오니 놀부놈이 크게 놀라 묻는 말이,

"여보시오, 그 진 것이 무엇이오?"

그 장사 대답하기를,

"이것이 경이오."

"경이라니 무슨 경이오?"

"면경, 석경, 만리경, 요지경이요, 담뿍 치는 다발경이라. 얼시고 좋다, 경이로다. 지화자 좋을시고. 요지연을 둘러보소. 이선의 숙낭자요, 당명황의 양귀비요, 초패왕의 우미인이요, 여포의 초선이오. 팔선녀를 둘러보소. 난양 공주, 진채봉, 가춘운, 계섬월, 정경패, 적경홍, 심요연, 백능파, 이런 미색을 보았느냐?"

하며 온 집을 떠드니 놀부놈이 기가 막히나 다른 박이나 타서 보려고 돈 삼천 냥을 내놓고 비는 말이,

"여보시오 여러분네, 말을 들어 보오. 내가 박으로 하여 패가 망신을

하게 되었으니 이것이 비록 약소하나 노자나 보태어 쓰실 양으로 일찍이 헤어지면 박이나 타서 볼까 하오."

여러 등짐 장수들이 수군수군 공론하더니 놀부더러 하는 말이,

"뒤 박통에는 금과 은이 많이 들었는가 싶으니 정성들여 켜 보라."

하고 일시에 헤어지니 놀부 또 한 통을 따다 놓고 탈새,

"슬근슬근 톱질이야, 당기어 주소 톱질이야."

슬근슬근 툭 타 놓으니 박 속에서 수천 명 초라니 탈이 나오더니 오두방정을 다 떤다.

"바람아 바람아, 네 어디서 불어오느냐? 동남풍에 불어왔나? 대자운을 달아 보자. 하걸의 경궁요대, 달기를 희롱하는 상주의 적록대, 멀고 먼 봉황대, 보기 좋은 고소대, 만세 무궁 춘당대, 한 무제 백량대, 조조의 동작대, 천대 만대 살대 젓대 붓대 다 던지고 우리 한바탕 놀아 보자."

일시에 달려들어 놀부놈 덜미를 잡아 내어 가로딴죽을 치니 놀부 거꾸로 서서,

"애고 애고 초라니 형님, 이것이 웬일이오. 아무 일이든지 말씀만 하면 분부대로 하오리다."

하고 손이 발이 되도록 애걸하니 초라니 호령하기를,

"이놈 놀부야, 돈이 중하냐, 목숨이 중하냐?"

놀부 울며 대답하기를,

"사람 생기고 돈이 났으니 돈이 어찌 중하다 하오리까?"

초라니 꾸짖어 말하기를,

"이놈, 그러면 돈 오천 냥만 시각 내로 바치라."

놀부 하릴없이 돈 오천 냥을 내주며,

"분부대로 돈을 바치오니 앞 박통 속 일이나 자세히 일러 주소."

초라니 하는 말이,

"우리는 각 통이므로 자세히는 알지 못하되 어느 통인지 분명히 금덩어리가 들었으니 다 타고 볼 것이니라."

하고 헤어져 가거늘 놀부 이 말 듣고 생허욕이 치받쳐 동산으로 치달아 박 한 통을 따 가지고 나오니 째보가 가장 위로 하는 척하고 하는 말이,

"이 사람 그만 켜소. 초라니 말을 어찌 믿을까. 또 만일 봉변이 나면 돈 쓰는 것은 예사어니와 매맞는 짓을 차마 볼 수 없네."

놀부 하는 말이,

"아무려면 어떠한가. 아직은 돈냥이나 있으니 또 당해 볼 양으로 마저 타고 끝을 보세."

째보 하는 말이,

"자네 마음이 저러하니 굳이 말리지는 못하거니와 이번 타는 박은 더 생각하여야 하겠네."

놀부놈이 홧김에 돈 열 냥을 선셈 주고 또 한 통을 탈 새,

"슬근슬근 톱질이야, 당기어 주소 톱질이야. 이 박을 타거들랑 잡동사니는 나오지 말고 금은 보배나 나옵소서."

슬근슬근 툭 타 놓으니 박 속에서 수백 명 사당 거사들이 뭉게뭉게 나오며 소고를 두드리고 저희끼리 야단스레 놀며 소리를 하는데,

"오동추야 달 밝은 밤에 임 생각이 새로워라. 임도 응당 나를 생각하리라. 나니나산이로다."

또 한 놈은 달거리를 하는데,

"정월이라 십오야에 망월하는 소년들아. 망월도 하려니와 부모 봉양 늦어 간다. 신체 발부 사대절을 부모님께 타고나서 호천 망극 중한 은혜 어이하여 다 갚으리. 이월이라 한식일 천추절이 적막하니 개자추*의 넋이로다. 원산에 봄이 드니 불탄 풀이 난다더니."

---

* **개자추**(介子推) 중국 춘추 시대의 은자.

어떤 사당은 노래하고 어떤 사당은 단가하고 어떤 사당은 권주가하고 온갖 가지로 뛰놀 적에 거사놈 거동 보소. 노랑 수건 패랭이에 질빵을 벗어 놓고 엉덩이를 흔들고 사당을 어르면서 번개 소고를 풍우같이 두드리며 판염불 긴 영산에 흔들거려 한바탕을 놀더니 놀부를 보고 달려들며,

"옳다 이놈, 이제야 만났구나."

하더니 여러 놈이 놀부의 사지를 갈라 잡고 헹가래를 치니 놀부놈 눈이 뒤집히고 오장이 나오는 듯하니,

"애고 이것이 웬일이오. 사람 살려 놓고 말을 하시오."

여러 사당과 거사들이 일시에 하는 말이,

"네가 목숨을 보존하려거든 논밭 문서를 다 바쳐라. 만일 어기다가는 생급살이 내리리라."

반닫이를 떨꺽 열고 홧김에 문서를 모두 내어 주니 여러 사당과 거사들이 나누어 가지고 헤어져 가더라. 째보가 이 형상을 보고 몸을 빼칠 생각이 들어서 놀부를 보고 하는 말이,

"나는 집에 급히 볼일이 있으니 잠깐 다녀옴세."

놀부 하는 말이,

"이 사람아, 다된 벌이를 애초에 버리지 마소. 아직도 박이 여러 통이 남아 있고 어느 통이든지 금덩어리가 많이 들었다 하니 차례로 타고만 보면 종말에 좋은 일이 아니 있겠나? 이제는 통마다 삯을 선셈으로 더 주오리."

째보 그제야 허락하고 또 한 통을 탄다.

"슬근슬근 톱질이야."

슬근슬근 툭 타 놓으니 박에서 수백 명 왈패들이 밀거니 뛰거니 나온다. 누구누구 나오든고. 이죽이, 떠죽이, 난죽이, 바금이, 딱정이, 군평이, 털평이, 태평이, 여숙이, 무숙이, 하거니, 보거니, 난장몽둥이, 아귀쇠, 악착이 조각쇠, 섭섭이, 든든이, 모든 자제들이 꾸역꾸역 휘몰아 나와 차례로 앉더니 놀부를 잡아 내어 빨랫줄로 찬찬 동여 나무에다 동그마니 달아매고 매질 잘하는 왈짜 하나를 골라 분부하기를,

"저놈을 사정 두지 말고 단단히 치라."

왈짜 대답하되,

"그처럼 치다 만일 죽든지 하면 어찌하며 살인 차접*은 누구더러 맡으랍나?"

---

* 차접(差帖) 하급 관리에게 내리는 사령서.

여러 왈짜 공론하기를,

"우리가 통문 없이 이렇게 모이기 쉽지 아니하니 이놈을 발기기는 나중 할 양으로 실컷 놀려 먹다가 헤어지면 그 아니 심심 파적이랴?"

여러 놈들이 손뼉을 치며 그 말이 옳다 하고 놀부를 치려 할 제 털평이 윗자리에 앉았다가 말을 펴기를,

"우리가 잘하나 못하나 단가 하나씩 부딪쳐 보되 만일 하지 못하는 친구가 있거든 떡벌로 시행합세."

저희끼리 공론이 되더니 털평이 먼저 단가 하나를 부르기를,

"새벽 서리 날 샌 후에 일어나라 아이들아. 뒷산에 고사리가 자랐으니 오늘은 일찍 꺾어 오너라. 새 술 안주 하여 보자."

또 한 왈짜 단가하기를,

"공변된 하늘의 뜻을 힘으로 어찌 얻을쏜가. 함양에 아방궁 불지름* 도 오히려 무도하거든 하물며 의제를 빈강에서 죽인단 말가?"

또 군평이 나앉으며 뜨더귀 시조*를 할새,

"사랑인들 임마다 하며 이별인들 다 서러우랴. 임진강 대동강수요 황릉묘*에 두견이 운다. 동자여, 술 걸러라, 취코 놀게."

이렇듯이 놀더니 저희끼리 돌아앉아 각각 통성명 거주를 묻는다.

"저기 저분은 어디 사시오?"

그놈이 대답하는 말이,

"나 왕골 사오."

"아니 왕골을 사다가 자리를 매려 하오?"

"아니오, 내 집이 왕골이란 말이오."

군평이 내달아 새김질 하는 말이,

---

* **불지름** 항우가 초 회왕을 시켜 진을 치고, 여포를 시켜 의제를 죽인 고사.
* **뜨더귀 시조** 시조를 조각조각 뜯어내어 부르는 시조.
* **황릉묘** 순임금의 두 비를 장사지낸 곳.

"예, 옳소, 이제야 알아듣겠소. 왕골 산다 하니 임금 왕자, 고을 골자이니 동관 대궐 앞에 사나 보오."

"예, 옳소, 영낙이 아니면 송낙이오."

"또 저분은 어디 사시오?"

그놈이 대답하기를,

"나는 하늘 근처에 사오."

군평이 또 새김질 하기를,

"사직은 하늘을 위하였으니 아마 무덕문 근처에 사시나 보오."

"또 저 친구는 어디 사시오?"

"나는 문 안 문 밖이오."

군평이 연방 새김질로 대답하는 말이,

"창의문 밖 한북문 안이 문 안 문 밖이 되니 조지서 근처에 사시나 보오."

"그 곳은 아니오."

"예, 그러면 이제야 알겠소. 대문 안 중문 밖 사시나 보니 행랑어멈 자식인가 싶으니 저만치 서 계시오."

"또 저분은 어디 사시오?"

그놈 대답하기를,

"나는 휘두루 골목 사오."

군평이 하는 말이,

"내가 아무리 새김질을 잘하여도 그 골은 처음 듣는 말이오그려."

그놈이 대답하기를,

"나는 집 없이 두루 다니기에 하는 말이오."

군평이 또 묻는 말이,

"바닥 첫째로 앉은 저분은 어디 사시오? 성씨는 무슨 자를 쓰시오?"

그놈이 대답하기를,

"내 성은 두 사람이 씨름하는 성이오."

군평이 하는 말이,

"나무 둘이 아울러 섰으니 수풀 림(林)자 임 서방이시오."

"또 저분은 뉘라 하시오?"

"예, 내 성은 목두기에 갓 씌운 성이오."

군평이 하는 말이,

"갓머리 안에 나무 목을 하였으니 댁이 송(宋) 서방이시오."

"또 저분은 뉘라 하시오?"

"예, 내 성은 계수나무란 목자 아래 만승 천자란 아들 자자를 받친 성이오."

군평이 대답하기를,

"그러면 알겠소. 댁이 이(李) 서방이시오."

"또 저분은 뉘라 하시오?"

그놈은 워낙 무식하기가 기역자를 보면 거멀못으로 아는 놈이라 함부로 대답하는 말이,

"나는 난장 뛰기란 목자 아래 역적쇠 아들이란 아들 자자를 받친 이(李) 서방이오."

"또 저분은 뉘라 하시오?"

"예, 나는 뫼산 자가 사면으로 두른 성이오."

군평이 가만히 새김질로 생각하기를,

"뫼산자 넷이 사면으로 둘렀으니 밭 전(田)자 전 서방인가 보오."

"또 저분은 뉘라 하시오?"

그놈은 성이 배가인데 정신이 아주 없는 놈이라 배를 사서 주머니에 넣고 다니더니 성을 묻는 양을 보고 아무 대답 없이 우선 주머니를 열고 배를 찾으니 간 곳이 없는지라.

기가 막혀 뒤통수를 치며 하는 말이,

“이런 제기랄, 성으로 하여 망하겠다. 이번도 어느 경칠 놈이 남의 성을 도적질하여 먹었고나. 생래에 성으로 하여 버린 돈이 팔 푼 열여덟 닢이나 되니 가뜩한 형세가 성으로 하여 망하겠다.”

하며 부리나케 주머니를 뒤지니 군평이 책망하기를,

“이분 친구가 성을 묻는 바에 대답은 없고 주머니만 주무르니 그런 제기랄 경계가 어디 있으리요?”

그놈이 화를 내어 하는 말이,

“남의 잔속일랑 모르고 답답의 책망만 하는구려. 내 성은 사람마다 먹는 성이오.”

하며 구석구석 뒤지니 배는 없고 꼭지만 나오거늘 총망중 집어들고 하는 말이,

“그러면 그렇지, 어디 갈 리가 있나.”

하며 배 꼭지를 내두르며,

“자, 내 성은 이것이오.”

군평이 하는 말이,

“그러면 게가 꼭지 서방이오?”

“예, 옳소 옳소. 바로 아셨소.”

“또 저분은 뉘라 하시오?”

“예, 나 말씀이오? 나는 성이 안감이란 안자에 부어터져 죽는다는 부자에 난장몽동이란 동자를 합한 안부동이란 사람이오.”

“또 저분은 뉘라 하시오?”

그놈이 아무 말 없이 두 주먹을 불끈 쥐고 내밀며,

“내 성명은 이러하오.”

군평이 웃고 하는 말이,

“예, 알겠소. 게가 성은 주가요 이름은 마귀인가 보오.”

“과연 그러하오.”

"또 저기 비켜서 있는 저분도 마저 통성합시다. 성씨가 무엇이라 하시오?"

"나는 난장몽동의 아들이오."

"또 저분은 뉘라 하오?"

그놈 대답하기를,

"나는 조치안이라 하오."

딱장이 내달아 책망하는 말이,

"여보, 이분 친구의 통성명하는 법이 오백 년 유래지고풍이어늘 좋지 아니하단 말이 웬말인가요?"

그놈이 허허 웃고 대답하기를,

"내 성이 조가요 이름이 치안이란 말이지, 친구가 통성하는데 좋지 않다 할 길이 있소?"

딱장이 하는 말이,

"그는 그러할 듯하오."

이처럼 지껄이다가 그 중의 한 왈짜 내달으며 하는 말이,

"여보게들, 그렇지 아니하이, 우리가 놀기는 명일이 또 있으니 놀부놈을 어서 내어 발기세."

하니 여러 왈짜 하는 말이,

"우리가 통성명하기에 골몰하여 이 때까지 두었으니 일이 잘못되었구나. 벌써 찢을 놈이라."

여러 놈들이 그 말이 옳다 하고 일변 놀부놈을 잡아들여 이 뺨 치고 저 뺨 치며 발로 차고 굴리며 주무르고 잡아뜯고, 일변으로 가위주리*를 틀며 잔채질*을 하며 두 발목을 도지개*에 넣고 뒤트니 복숭아뼈가

---

* 가위주리 두 개의 주릿대를 가위다리 모양으로 어긋매껴 낌.
* 잔채질 포교가 죄인을 신문할 때 회초리로 마구 연거푸 때리는 매질.
* 도지개 트집간 활을 바로잡는 틀.

우직우직하는 놈을 용심지에 불을 켜서 발샅에 끼워 단근질*을 하며 온 갖 형벌을 쉴새없이 갈마들며 하니 쇠공의 아들인들 어찌 견디리요. 놀부놈이 입으로 피를 토하며 똥을 싸고 칠 푼 팔 푼하며 만단으로 애걸하며 비는 말이,

"살려 주오 살려 주오, 제발 덕분에 살려 주오. 돈 바치라면 돈 바치고 쌀 바치라면 쌀 바치고 계집이라도 바치라 하시면 바칠 것이니 목숨을 살려 주옵소서."

여러 왈짜들이 돌려 가며 한 번씩 생주리를 틀더니 그제야 한 놈이 분부하기를,

"이놈 놀부야, 들어라. 우리가 금강산 구경 가더니 노자가 떨어졌으니 돈 오천 냥만 바치되 만일 머뭇거리면 된 급살을 내리리라."

놀부놈이 어찌 혼이 났던지 감히 한 말도 대답치 못하고 돈 오천 냥을 주어 보낸 후 사지를 쓰지 못하는 중에도 끝내 허욕에 떠받쳐서 단박에 수가 날 줄 알고 기어 동산으로 올라 박 한 통을 따 가지고 내려와서 째보를 달래어 박을 컨다.

"슬근슬근 톱질이야, 당기어라 톱질이야."

슬근 쓱싹 짜개 놓고 보니 팔도 소경이란 소경은 다 뭉치어 막대를 뚜덕거리며 눈을 희번덕이고 내달아 하는 말이,

"이놈 놀부야, 난다 긴다 네 어디로 가리요. 너를 잡으려고 안 남산, 밖 남산, 무계동, 쌍계동, 면면 촌촌이 얼레빗 샅샅, 참빗 틈틈이 굴뚝 차례로 돌아다니더니 오늘 이 곳에서 만났구나, 네 내 수단을 보아라."

하고 막대를 들어 휘두르니 놀부놈이 정신 없이 피하나 여러 소경이 점을 치며 눈뜬 사람보다 더 잘 찾아 붙잡는지라 놀부놈이 달아나지도 못

---

*단근질 불에 달군 쇠로 몸을 지지는 형벌.

하고 애걸하는 말이,

"여보 장님네, 이것이 웬일이오. 사람 살려 주오. 무슨 일이든지 분부대로 하리다."

소경들이 그제야 놀부를 버리고 북을 두드리며 경문을 읽는다.

이렇듯이 경을 읽더니 놀부를 개장 개 두드리듯 함부로 치니 놀부 견디다 못하여 돈 오천 냥을 내주고 생각하니,

'집 안에 돈이라고는 한 푼 남은 것이 없이 탕진 가산하였으니 이제는 살아갈 길이 아득하다. 이왕 시작하였으니 나중에야 설마 길한 일이 없으랴.'

하고 동산으로 올라가서 박 한 통을 따다 놓고 째보를 달래어 하는 말이,

"이번 박은 겉을 보아 하니 빛이 희고 좋으니 이 속에는 응당 보화가 들었을 것이니 재물을 얻으면 너도 살게 될 테니 정성들여 타서 보자."

하고 톱을 얹어,

"슬근슬근 톱질이야, 당기어 주소 톱질이야."

밀거니 켜거니 한참 켜다가 궁금증이 나서 귀를 기울여 가만히 들으니 박 속에서 우레 같은 소리가 진동하며,

"비로다 비로다."

하거늘 놀부 벌써 탈이 또 난 줄 알고 정신이 어찔하여 톱을 슬며시 놓고 멀리 물러가니 째보도 톱을 내던지고 달아나려 하거늘 박 속에서 우레 같은 소리로 호령하기를,

"너희가 무슨 거래를 이리하고 박을 아니 타느냐? 내가 답답하여 일시를 못 견디겠으니 어서 바삐 켜라."

놀부 황겁하여 묻는 말이,

"비라 하시니 무슨 비온지 자세히 이르소서."

"이놈, 비로다."

놀부 하는 말이,

"비라 하시니 당명황의 양귀비오니까, 창오산 저문 날에 아황 여영 이비시오니까? 누구신 줄이나 먼저 알고 박을 마저 켜오리다."

박 속에서 대답하는 말이,

"나는 그런 비가 아니라 한 종실 유 황숙의 아우 거기장군 연인 장익덕 장비어니와 네가 만일 박을 아니 켜고 있으면 무사치 못하리라."

놀부가 장비란 말을 듣더니 지지러져 엎으러지며 입 안의 소리로,

"이야 째보야, 이를 장차 어찌한단 말이냐. 이번은 바칠 돈도 없으니 하릴없이 죽는 수밖에는 다른 수가 없나 보다."

째보가 비웃으며 하는 말이,

"너는 네 죄에 죽거니와 내야 무슨 죄로 죽는단 말고, 그런 말을 다시 하다가는 내 손에 먼저 죽으리라."

"우스운 말 말고 어서 타던 박이나 마저 타서 하회나 보세."

놀부 하릴없어 마저 타고 보니 별안간 한 대장이 와락 뛰어나오며 얼굴은 숯먹을 갈아 끼얹은 듯하고 제비턱에 고리눈을 부릅뜨고 장팔사모 큰 창을 눈 위에 번쩍 들고 쇠북 같은 소리를 우레같이 질러 말하기를,

"이놈 놀부야. 네가 세상에 태어나 부모께 불효, 형제에 불목하고 친척에 불화하니 죄악이 네 털을 빼어 헤아려도 당치 못할지라, 천도가 어찌 무심하오리. 옥황 상제께서 나로 하여금 너를 만 갈래 내어 무궁한 죄를 씻게 하라 하실 새 내가 특별히 왔으니 견디어 보아라."

하고 곰 같은 손으로 놀부의 덜미를 움켜 쥐고 공기 놀리듯 하니 놀부 정신을 잃었다가 다시 깨어나 울며 애걸하며 비니 장 장군이 그 정상을 불쌍히 여겨 다시 꾸짖어 말하기를,

"응당 너를 만 갈래 낼 것이로되 짐작하여 용서하는 것이니 이후는 어진 동생을 구박 말고 형제 화목하여 살라."

하고 가거늘 놀부 생경을 한바탕 치고 정신을 차려 또 동산으로 치달아 보니 박 두 통이 그저 남았거늘 한 통을 또 따 가지고 내려와 째보를 달래는 말이,

"이야 째보야, 내 일을 불쌍히 여겨라. 재물을 얻으려 하다가 수많은 가산을 탕진하고 거지가 되었구나. 설마 박통마다 그러하랴. 이번은 무슨 수가 있을 듯하니 아무 말도 말고 켜 보자."

째보 응낙하고 박을 켠다.

"슬근슬근 톱질이야, 당기어 주소 톱질이야. 이 박은 켜거든 금은 보화가 함부로 나와 흥부같이 살아 보리라."

놀부 계집이 섰다가 하는 말이,

"다른 보화는 많이 나오되 흥부 서방님같이 첩은 행여 나오지 마옵소서."

놀부 꾸짖는 말이,

"탕패 가산하고 상거지가 된 인물이 샘이 어디서 나오는고? 요사스러이 굴지 말고 한편 구석에 가 있으라."

하고 밀거니 당기거니 슬근슬근 타며 귀를 기울이고 들으니 이번은 아무 소리도 없는지라 놀부놈 기뻐하여 째보더러 말하기를,

"이번은 다 켜도 아무 소리가 없으니 아마 수가 있는 박이다."

하고 급히 타 보니 박 속에 아무것도 없고 다만 평평한 박뿐이어늘 놀부 기뻐할 즈음에 째보가 생각하기를,

'여러 통마다 탈이 났으니 이 박인들 어찌 무사하랴.'

하고 소피 하러 가는 체하고 도망질하니 놀부놈 째보를 기다리다 못하여 박통을 도끼로 쪼개 놓고 보니 아무것도 없고 허연 박속이 먹음직하거늘 제 계집을 불러 말하기를,

"이 박은 먹음직하니 우선 배고픈데 국이나 끓여 집안 식구들과 먹고 기운 나거든 남은 박은 우리 둘이 타 봄세. 옛사람이 이르기를 고진

감래*라 하였으니 그만치 궂었으니 필경은 좋은 일이 있지 하느님이 무심할 리가 있나. 숱한 재물을 얻을진대 초년 고생은 면할 수 없는 것이니 어서 국이나 끓이소."

놀부 계집이 기뻐하여 박속을 숭덩숭덩 썰고 염장을 갖추어 큰 솥에 물을 넉넉히 붓고 통장작을 지피어 쇠옹두리* 고으듯이 반 나절을 무르녹게 끓인 후 온 집안 식구대로 한 사발씩 달게 먹은 후 놀부는 배가 붕긋하여 게트림을 하며 계집더러 하는 말이,

"그 국맛이 매우 좋아 당동."

놀부 계집이 대답하기를,

"글쎄요, 그 국이 매우 유명하오 당동."

놀부 자식들이 어미를 부르면서,

"그 국맛이 좋소 당동."

놀부 하는 말이,

"그 국을 먹더니 말끝마다 당동 당동 하니 참으로 고이하도다 당동."

놀부 계집 대답하기를,

"글쎄요, 나도 그 국을 먹더니 당동 소리가 절로 나오 당동."

놀부 자식이,

"어머니, 우리들도 그 국을 먹었더니 당동 소리가 절로 나오 당동."

"오냐, 글쎄 그러하다 당동."

놀부 꾸짖어 말하기를,

"너는 요망스레 굴지 마라 당동. 무슨 국을 먹었다고 당동 하노 당동."

계집은,

"그 말이 옳소 당동."

---

* 고진 감래(苦盡甘來) '쓴 것이 다하면 단 것이 온다' 즉, 고생 끝에 낙이 온다는 뜻.
* 쇠옹두리 소의 옹두리뼈. 옹두리뼈란 짐승의 정강이에 불퉁하게 나온 뼈를 말함.

놀부 딸도 당동, 아들도 당동, 머슴아이도 당동, 놀부 아주미도 당동, 온 집안이 모두 당동 당동, 무슨 가얏고 뜯고 풍류하는 것처럼 그저 당동 당동, 서로 나무라며 당동 당동, 이렇듯이 당동 당동 하니 울 넘어 왕 생원이 들은즉 놀부 집에서 별별 야릇한 풍류 소리가 나거늘 왕 생원이 곧 놀부를 불러 묻는 말이,

　"여보아라 놀부야, 너희가 무엇을 먹었건대 그런 소리를 하느냐?"

　놀부 여쭈기를,

　"소인의 집에서 박을 심어 박이 열리어 국을 끓여 먹었더니 그 소리가 절로 나옵니다 당동."

　생원이 믿지 아니하여 말하기를,

　"네 말이 거짓이로다. 박국을 먹었기로 무슨 그런 소리가 있으리. 그 국 한 사발만 떠오너라."

　놀부 한 그릇을 떠다 주니 생원이 받아 맛을 보매 국맛이 가장 좋은지라 그 국을 감식하고,

　"여보아라 놀부야, 그 국맛이 유명하고나 당동. 아차 나도 당동 어찌하여 당동 하노 당동."

하며 또 당동 당동 당동 소리가 절로 나거늘 왕 생원이 국 먹은 것을 뉘우쳐 놀부를 꾸짖고 당동 당동 하며 제 집으로 돌아간 후 놀부 역시 신세를 생각하니,

　'부자가 될 양으로 박을 심었다가 많은 재산을 다 패하고 전후에 없는 고생과 매맞은 일이며 끝에 와서는 온 집안 사람이 당동 소리로 병신이 되니 이런 분하고 원통한 일이 어디 있으리요.'

　일변 낫을 가지고 동산으로 올라가서 박덩굴을 함부로 베어 버릴 새 뵈지 않는 덩굴 밑에 박 한 통이 아직 있으니 크기가 인경만하고 무게가 천 근이나 되는지라.

　놀부가 그걸 보더니 분한 생각은 눈 녹듯 하고 허욕이 버쩍 나서 혼

자말로,

"그러면 그렇지, 인제야 보물 든 박을 얻었도다. 무게를 보아도 금이 많이 든 모양이요, 또 재물이 많이 들었으므로 남의 눈에 띄지 아니 하려고 덩굴 속에 숨어 있는 것을 모르고 공연히 한탄을 하였으며 그 전 박통에서 나온 초라니 말이 금이 들기는 어느 박통에 들었으리라 하더니 그 양반 말이 과연 옳도다. 황금 든 박이 여기 있는 줄 알았더 면 다른 박을 타지 말고 이 박을 먼저 켰을 것을."

기뻐하여 그 박을 따 가지고 내려오며,

"좋을 좋을 좋을시고, 지화자 좋을시고, 곱사등이 같은 박복한 놈 끝 을 아니 보고 달아났으니 제 복이 그뿐이로다."

놀부 계집 내달아 하는 말이,

"그만두오, 그만두오. 박에 신물도 아니 나나? 만일 또 불량한 박이 나오면 어쩌려고 박을 또 따 가지고 오나?"

놀부 하는 말이,

"방정맞고 요사한 년 물렀거라. 이 박은 정통 금박이니 재물이라면 넨들 아니 귀히 되랴. 잔말 말고 우리 두 양주 정성들여 켜 봅세."

박을 앞에 놓고 톱을 대어 탈 새,

"슬근슬근 톱질이야, 당기어 주소 톱질이야."

슬근슬근 타다가 반쯤 켜고 놀부가 우선 궁금증이 나서 박 속을 기웃 이 들여다보니 그 속이 아주 싯누런 것이 온통 황금 같거늘 놀부 보다가,

"수 났구나, 그럼 그렇지. 마누라, 자네도 이 박 속을 들여다보소. 저 누런 것이 온통 황금덩일세."

놀부 아내 하는 말이,

"누런 것을 보니 금인가 싶으오마는 그 속에서 구린내가 물큰물큰 나 니 그것이 웬일이오?"

놀부 하는 말이,

"자네도 미혹한 말 조금 하소. 박이 더 익고 덜 익은 것이 있으니 이 박은 아주 농익었으므로 구린 냄새가 나는 줄을 모른단 말인가? 어서 바삐 타고 보세."

슬근슬근 타다가 놀부 양주 궁금증이 또 나서 톱을 멈추고 양편에 마주 앉아 들여다보니 별안간 박 속에서 모진 바람이 쏘아 나오며 벼락같은 소리가 나더니 똥줄기가 무자위 줄기처럼 내쏘는지라. 놀부 양주가 똥벼락을 맞고 나동그라지며 똥줄기는 천군 만마가 달려나오듯 태산을 밀치고 바다를 메울 듯 삽시간에 놀부 집 안팎채에 가득하니 놀부 양주 온몸이 똥덩이가 되어 달아나 멀찍이서 바라보니 온 집안이 똥에 묻혔는지라.

만일 거름장사가 알게 되면 한밑천 잡게 되었터라. 놀부놈이 기막혀 발을 동동 구르며 하는 말이,

"여보 마누라, 이 노릇을 어찌하잔 말이오. 재물을 얻으려다가 수많은 재물 다 탕진하고 나중은 똥으로 하여 옷 한 가지 없게 되니 어린 자식들과 장장 여름날에 무엇 먹고 살아나며 동지 섣달 찬바람에 무엇 입고 살잔 말이오. 애고 애고, 설운지고."

이처럼 땅을 두드리며 통곡할 제 앞뒷집에 사는 양반네 집에까지 똥이 밀려 가서 그득한지라.

그 양반들이 공론하고 고두쇠를 벼락같이 부르더니 놀부놈을 바로 잡아 오라 분부한다.

고두쇠놈이 워낙 놀부놈을 미워하는 터이라 조총같이 달려가서 놀부놈의 덜미를 퍽퍽 짚어 풍우같이 몰아다가 생원님 앞에 꿀리는데, 생원님이 호령하기를,

"이놈 놀부야, 듣거라. 네가 본디 부모에 불효하고 형제간 불목하고 일가에 불화하고 다만 재물만 아니, 도적보다 더 심할 뿐더러 무슨 몹쓸 짓을 하다가 동네 양반들의 귀가 시끄럽도록 네 집에 환란이 거

듭 일어나 패가 망신을 하니 그는 네 죄에 싼 일이어니와 네 죄로 하여 동네 양반이 똥으로 못 살게 되니 그런 죽일 놈이 어디 있으리요. 네 죄는 그 죄에 따라 처리할 것이려니와 우선 양반 댁에 쌓인 똥을 해 전에 다 쳐내되 만일 지체를 할 지경이면 죽고 남지 못하리라." 하고 일변 고두쇠를 호령하여 놀부를 결박하여 절구공이 찜질을 하며 기왓장에 꿇어앉히고 똥 쳐내기 전에는 끌러 놓지 말라 하니, 놀부놈 가뜩 망극 중 기가 막히어 아무 말도 못하다가 기왓장에 꿇어앉은 채 제 계집을 시켜 돈 오백 냥을 갔다 놓고 빨리 삯꾼을 놓아 여러 곳에 있는 거름 장수들을 있는 대로 불러다가 삯을 후히 주고 똥을 쳐낸 후에야 놀부가 겨우 놓여 와서 부부 서로 붙들고 갈 바가 없어 통곡하였다.

이 때 흥부가 놀부의 패가 망신함을 알고 크게 놀라 일변 노복을 시켜 가마 두 채와 말 두 필을 거느리고 건너와 놀부 양주와 조카를 가마에 태우고 말을 태워 제 집으로 돌아와 일변 안방을 치우고 안돈시킨 후 의식을 후히 하여 날로 위로하고 일변으로 좋은 터를 정하여 수만금을 들여 집을 제 집과 같이 짓고 세간이며 옷과 음식을 한결같이 하여 그 형을 살게 하니 놀부 같은 몹쓸 놈일망정 흥부의 어진 덕에 감동하여 지난 일을 뉘우치고 형제 서로 화목하여 남에 없는 형제가 되니라.

흥부 내외는 부귀 다남하여 팔십까지 누리고 자손이 번성하고 가산이 대대로 넉넉하니 그 후 사람들이 흥부의 어진 덕을 칭송하여 그 이름 백세에 전하더라.

작자 미상

장화홍련전

장화홍련전

세종 임금 때, 평안도 철산군*에 성이 배무룡이라는 사람이 있었다. 원래 양반이어서 좌수* 벼슬을 지냈다. 성품이 온순하고 후덕할 뿐 아니라, 가산은 또한 넉넉하여 아쉬울 것이 없었다. 다만, 슬하에 자식이 없음을 부부는 늘 슬퍼했다.

어느 날, 부인 장씨가 몸이 노곤하여 졸고 있는데, 문득 한 신선이 하늘에서 내려오더니 꽃 한 송이를 주었다. 부인이 그 꽃을 받으려고 할 때, 갑자기 회오리바람이 일어나더니, 그 꽃이 한 선녀로 변하여 부인의 품 속으로 들어왔다.

부인이 놀라 깨어 보니 한바탕의 꿈이었다.

부인이 좌수더러 꿈 이야기를 하자 좌수는,

"우리에게 자식이 없는 걸 불쌍히 여겨, 하늘이 자식을 주시려나 보오."

---

* 철산군(鐵山郡) 평안 북도 서쪽 끝에 있는 고을.
* 좌수(座首) 조선 시대, 유향소의 우두머리.

하며 기뻐했다.

아니나다를까 그 달부터 태기가 있더니 열 달 만에 딸이 태어났다. 용모와 기질이 특이하여, 좌수 부부는 지극히 사랑하며 이름을 장화라 지었다.

장화가 두어 살 되었을 때, 장씨는 또 딸을 낳았다. 좌수 부부는 서운하긴 했지만, 이름을 홍련이라 지었다.

장화·홍련 자매는 점점 자라날수록, 얼굴은 더욱 아름답고 성품 또한 바를 뿐만 아니라 효행마저 뛰어났다. 좌수 부부는 자매의 자라나는 모습을 보면서 사랑스러운 마음이야 비길 데가 없었지만, 한편으로는 너무 숙성하여 몹시 염려스럽기까지 했다.

그러던 중 장씨는 갑자기 병을 얻어 자리에 눕게 되었다. 장씨는 병이 회복되지 않을 줄 짐작하고, 두 딸의 손을 잡고 슬퍼하면서 좌수더러 말하기를,

"내가 죽은 후 다시 마누라를 얻게 되시면 당신의 마음이 변할까 두렵군요. 당신은 이 두 딸을 불쌍히 여기세요. 그리고 장성한 후에는 되도록 같은 가문에서 배필을 얻어 짝을 지어 주신다면, 비록 저승에 있더라도 당신의 은혜를 반드시 갚겠어요."

하고, 홀연히 세상을 떠났다.

그럭저럭 세월이 흘러 삼년상도 지났지만, 좌수는 그래도 뒤를 이를 아들이 없는 것이 끝내 염려되었다. 그래서 어쩔 수 없이 허씨를 후처로 맞아들였다.

허씨의 용모를 말할 것 같으면, 두 볼은 한 자가 넘고, 눈은 퉁방울 같으며, 코가 질병 같은가 하면, 입은 메기 같고, 머리털은 돼지털인데다가, 키는 장승만하며, 소리는 이리 소리 같고, 허리는 두 아름이나 되는데다가 곰배팔이요 수종다리에 쌍언청이를 겸했으며, 그 주둥이를 썰어 내면 열 사발은 되겠고, 얽기는 콩멍석 같았다.

그래서 그 생김새는 차마 바로 보기가 거북할 지경인데, 그 심사가 더욱 불량하여 남의 못할 노릇은 골라 가며 하니, 집에 두기가 한시도 난감했다.

　　그래도 그것이 계집이라고, 그 달부터 태기가 있더니, 연달아 아들 삼형제를 낳았다.

　　좌수는 늘 두 딸과 함께, 죽은 장씨 부인을 생각했다. 잠시라도 두 딸을 보지 못하면 오랫동안 못 본 것처럼 여겨져, 집에 들어오면 먼저 딸의 방으로 들어가서 눈물을 흘리면서,

　　"너희들이 어미를 그리워하는 마음은 이 아비도 잘 알고 있다."
하고 말했다.

　　허씨는 좌수가 그렇게 하면 할수록 장화 자매를 시기하는 마음이 불같이 일어났다.

　　마침내 허씨는 장화와 홍련을 해칠 생각을 했다.

　　좌수는 허씨가 시기한다는 사실을 짐작하고, 허씨를 불러다 놓고,

　　"우리는 본디 빈곤하게 지내 왔으나, 전처의 재물이 많아서 지금 넉넉하게 살고 있소. 당신이 먹는 것도 모두 전처의 재물이오. 그 은혜를 생각하면 크게 감사해야 함에도 되려 저 딸들을 심히 괴롭히고 있으니, 그 무슨 심사요. 다시는 그러지 마시오."
하고 타일렀지만 승냥이 같은 그 마음이 어찌 뉘우칠 줄을 알겠는가. 그 후에는 더욱더 장화와 홍련을 죽일 생각을 하고 있었다.

　　어느 날, 좌수가 딸의 방에 들어가 앉으면서 두 딸을 살펴보았다. 딸 자매는 서로 손을 잡고 눈물을 흘리고 있었다.

　　측은한 생각이 들어,

　　"너희들이 죽은 어미를 생각하고 슬퍼하고 있구나."
하고, 같이 눈물을 흘리면서,

　　"너희들의 어미가 살아 있다면 오죽이나 기뻐하겠느냐. 하지만 팔자

가 기구하여 허씨를 만나 구박이 자심하니, 너희들의 슬픈 마음을 짐작하겠다. 앞으로도 또 이런 일이 있으면, 내가 조치하여 너희의 마음을 편안하도록 해 주마."

하고, 위로하고 나왔다.

이 때, 흉악한 허씨가 창틈으로 이 광경을 엿보고 있었다. 허씨는 분노하여 더욱더 흉악한 생각을 했다. 하루는, 제 자식 장쇠를 시켜 큰 쥐한 마리를 잡아오게 했다.

허씨는 그것을 남 몰래 튀하고 피를 발라 낙태한 핏덩이처럼 만들어, 그것을 장화의 이불 밑에 넣고 나왔다. 좌수가 들어오면 그것을 보일 속셈이었다.

잠시 후 좌수가 들어오자, 허씨는

"집안에 발칙스런 일이 있었지만, 당신은 내가 모해한 짓이라고 하실 것 같아 말을 안 했소. 그런데 오늘은 늦도록 일어나지 않아서, 혹시 몸이 불편해서 그런가 하여 들어가 보니까, 글쎄 낙태를 하고 누워 있지 뭐예요. 얼마나 놀랐는지 몰라요. 우리는 대대로 양반 집안인데, 만일 이런 일이 밖으로 새나가면 무슨 면목으로 산단 말이오."

하고, 떠들어 댔다.

좌수는 크게 놀란 나머지 부인의 손을 이끌고 딸의 방으로 들어가 장화의 이불을 들쳐 보았다.

이 때, 장화 자매는 깊이 잠이 들어 있었다. 허씨가 그 피 묻은 쥐를 들고 별 소리를 다 꾸며 고하지만, 어리석은 좌수는 그것이 허씨의 흉계인 줄은 짐작도 못한다.

"이 일을 장차 어찌하면 좋겠소."

"이것은 중대하고도 어려운 일이지요. 남이 모르게 죽여서 없애 버리면, 남들은 이런 사정도 모르고, 계모가 전실 자식을 모해하여 죽였다고 하겠지요. 그렇다고 남이 이 사실을 알게 되면 부끄러움을 면치 못할 테지요. 그러니 차라리 내가 죽어, 아무것도 모르는 게 나을 거예요."

하고, 정말로 자살할 것처럼 말했다. 저 미련한 좌수는 그 흉계를 모르고 급히 달려들어 흉녀를 붙들더니,

"당신의 진중한 덕은 내가 이미 알고 있소. 빨리 방법을 일러 주면 저 아이를 처치하겠소."

하며 울었다.

흉녀는 이 말을 듣더니,

'옳지, 이제는 소원을 풀 때가 왔구나!'

하고, 속으로 기뻐하면서도 겉으로는 탄식하는 체 말하기를,

"차라리 내가 죽어 모르려고 했는데, 당신이 이렇게 염려하시니, 어쩔 수 없이 참아야겠군요. 하지만 저 아이를 죽이지 않으면 장차 집안에 닥칠 화를 면치 못할 줄 아세요. 그러니 빨리 저 아이를 처치하여 이 사실이 탄로나지 않게 하세요."

좌수가 분노하면서 어떻게 하면 좋겠느냐고 의논하자, 흉녀는 말하기를,

"장화를 불러다가 저희 외삼촌 댁에 다녀오라 하세요. 그리고는 장쇠더러 같이 가다가 연못 속에 떠밀어 넣어 죽이라고 하세요. 그게 제일 좋은 방법이에요."

좌수는 이 말을 듣더니, 장쇠를 불러다가 이리이리 하라고 일러 주었다. 이 때, 두 소녀는 자리에서 일어나 앉아 있다가, 갑자기 부친이 부르는 소리를 듣고 장화가 밖으로 나왔다. 좌수가,

"너희 외삼촌 집이 여기서 멀지 않으니, 잠깐 다녀오너라."

하는 것이었다.

장화는 아버지의 너무나 뜻밖의 말을 듣고는, 한편으로 놀라고 한편으로 슬퍼하면서 대답하기를,

"소녀는 어머니가 돌아가신 후로 바깥에 나가 본 일이 없는데, 아버님은 어째서 이 깊은 밤중에 알지도 못하는 집을 찾아가라고 하시는지요?"

하자, 좌수는 버럭 화를 내면서,

"네 오라비 장쇠를 데리고 같이 가라고 하지 않느냐. 무슨 잔말로 아비의 명령을 거역하려고 하느냐?"

하고 꾸짖으니, 장화는 큰 소리로 울면서 말하기를,

"아버님께서 죽으라고 하신들 분부를 거역하겠어요. 하지만 밤이 깊어서, 어린 생각에 사정을 말씀드린 것뿐이에요. 밤이나 새거든 가게 해 주세요."

좌수가 이 말을 듣고 잠시 망설이고 있자, 흉녀가 갑자기 문을 박차고 나오더니,

"너는 아버지의 명을 순순히 따라야 하지 않겠느냐. 무슨 말을 해서 아버지의 명을 어기려 하느냐?"

하고, 꾸짖으며 호통쳤다.

장화는 서러운 생각이 더 나서,

"아버님 분부가 이러하시니 다시는 여쭐 말씀이 없어요. 하라시는 대로 하겠어요."

하고, 방으로 들어가 홍련의 손을 잡고 울면서,

"아버님의 뜻을 알지 못하겠다. 무슨 일이 있었기에 이 깊은 밤중에 외가에 다녀오라 하시는지 모르겠다. 할 수 없이 가기는 간다마는, 이 길이 아무리 생각해도 불길할 것만 같구나. 시급해서 말을 다 못한다마는, 우리 자매가 어머님을 여읜 후로는 한시도 서로 떨어진 일이 없었지 않느냐. 그런데 뜻밖에도 너를 빈 방에 혼자 놓아 두고 간다는 걸 생각하니, 가슴이 터지고 애간장이 타는구나. 이 심정은 아무리 큰 종이에 써도 다 쓰지 못할 것이다. 아무쪼록 잘 있거라. 이

길이 좋지 못할 것만 같다만, 만일 잘 되면 속히 돌아오겠다. 그 동안 그리운 생각이 날지라도 참고 기다려라. 옷이나 갈아 입고 가겠다."

하고, 옷을 갈아 입은 후 자매는 다시 손을 잡고 울었다.

장화는 동생에게,

"너는 아버님과 계모를 극진히 섬겨라. 잘못하는 일이 있으면 안 된다. 내가 오기를 기다리고 있으면, 내가 가서 오래 있지 않고 며칠 후 곧 돌아오겠다. 그 동안 너를 보고 싶어 어찌하느냐! 너를 두고 가는 언니의 마음은 한없이 슬프구나. 너는 슬퍼하지 말고 부디 잘 있거라."

말을 마치고 목놓아 울면서 서로 손을 잡고 헤어질 줄 몰랐다.

슬프다. 살아 있을 때 그지없이 사랑하던 어머니는 어찌 이런 때를 당해서 저 자매의 처지를 굽어살피지 못하는가.

홍련은 언니의 이야기를 듣고 나자, 가슴이 미어지는 듯했다. 서로 붙잡고 또 목놓아 울었다. 그 가련한 정상은 붓으로 다 표현하기가 어려웠다.

이 때, 흉녀가 밖에서 장화의 말을 듣고 들어와서, 승냥이 같은 소리를 지르면서,

"너는 어째서 이렇게 요란스럽게 구느냐?"

하고 꾸짖고 나서, 장쇠를 불러다 놓고 말하기를,

"네 누이를 데리고 속히 외가에 다녀오너라."

했다.

개돼지 같은 장쇠는 염라 대왕의 분부라도 받은 듯이 소리를 벽력같이 지르고 어깨춤을 추며 삼간 마루를 떼구르르 구르듯이 달려와서,

"누님, 얼른 나오쇼. 아버지 명을 거역하면 괜히 나만 꾸중 들을 테니 원통하오."

하며, 성화같이 재촉했다.

장화는 할 수 없이 홍련의 손을 뿌리치고 나오려고 하자, 홍련은 언니의 옷자락을 붙잡고,

"우리 자매는 한시도 떨어지지 않았는데, 오늘은 갑자기 나를 버리고 어디로 가려고 이래."

하고, 울부짖으며 쫓아나왔다.

장화는 홍련의 애처로운 모습을 보니, 간장이 마디마디 끊어지는 듯했다.

하지만 할 수 없이 홍련을 달래면서,

"내 잠깐 다녀올 테니까 잘 있거라."

하고, 장화는 설움에 잠겨 말끝을 맺지 못했다.

홍련이 언니의 치마를 꼭 붙잡고 놓지 않자, 흉녀가 달려들어 홍련의 손을 뿌리치며 나무라기를,

"네 언니가 외가에 가는데, 너는 어찌 이처럼 요사스럽게 구느냐."

하며 꾸짖었다.

홍련이 할 수 없이 물러서자, 흉녀는 장쇠에게 넌지시 눈짓을 했다. 그러자 장쇠는 성화같이 재촉을 했다.

장화는 마지못해 홍련과 이별하고 아버지께 하직을 고한 후 말에 올라 통곡하면서 떠났다.

장쇠는 말을 급히 몰아 산골짜기로 들어서며 어느 한 곳에 이르렀다. 산은 첩첩 천봉이요, 물은 잔잔 일백 굽이였다. 초목이 무성하고 소나무와 잣나무가 울창하여 인적이 적막한데, 달빛만 휘영청 밝고, 구슬픈 두견새 소리가 한 치의 간장을 다 끊어 놓는다.

장화가 굽어보니, 소나무 숲 속에 하나의 못이 있는데, 크기가 사십 리요, 그 깊이는 알 길이 없다. 한번 보니 정신이 아뜩하고 물 소리만 처량했다.

그 때, 장쇠는 말을 잡고 장화더러 내리라고 했다. 장화는 크게 놀라

면서 큰 소리로,

"이 곳에 내리라니, 그게 무슨 말이냐?"

하고 나무라자,

"누님의 죄를 알 텐데 어찌 묻소. 누님더러 외가에 가라고 한 것은 정
말이 아니오. 누님이 못된 짓을 많이 했지만, 어머니가 착하셔서 모
르는 체한 거요. 이젠 낙태한 사실이 드러나서, 나더러 남이 모르게
이 못에 누님을 밀어넣고 오라 해서 여기 온 것이오. 속히 물에 들어
가시오."

하며, 잡아내리는 것이었다.

장화는 청천 벽력이라도 맞은 듯이 넋을 잃고 소리를 질렀다.

"하늘도 야속하오. 이것이 웬일이오. 무슨 일로 장화를 내셨단 말이
요! 천고에 다시 없는 누명을 씌워, 이 깊은 못에 빠져 죽어 속절없이
원통한 넋이 되게 하시니! 하늘이여, 굽어살피소서! 장화는 세상에
태어난 후로 문 밖을 모르는데, 오늘날 억울한 누명을 쓰게 되니, 전
생의 죄악이 그렇게 무겁던가요. 우리 모친은 어찌 세상을 버리시고
슬픈 인생을 남겼다가 간악한 사람의 모해를 입어 단번에 나비 죽듯
죽게 하신단 말이요! 죽는 것은 섧지 않으나, 원통한 이 누명은 어느
때나 벗으며, 외로운 저 동생은 어찌할꺼나!"

하며, 통곡하고 기절했다.

그 정상은 목석 같은 간장일지라도 서러워할 것이로되, 하지만 저 발
칙한 장쇠놈만은,

"이 적막한 산 속에 밤이 이미 깊었소. 아무래도 죽을 인생인데 발악
한들 소용 없으니, 어서 물 속으로 들어가시오!"

하고, 재촉했다.

장화는 정신을 진정하고,

"그지없이 슬프고 불쌍한 내 처지를 들어 봐라. 너하고 나는 비록 배

가 다르기는 하다만 아비의 골육만은 똑같다. 전에 우리와 우애하던 정을 생각하고, 영원히 황천으로 돌아가는 목숨을 가련히 여겨 잠깐 말미를 다오. 그리하면 삼촌 집에도 다녀오고, 돌아가신 어머니의 무덤에 가서 하직도 하고, 외로운 홍련을 부탁하여 위로도 하려고 한다. 이것은 결코 내 목숨을 보존하고자 하는 것이 아니다. 사실을 밝혀 봤자 계모가 시기할 것이고, 살고자 하면 아버지의 명을 거역하는 짓이 된다. 아버지의 명을 따를 것이니, 잠깐 말미를 주면 다녀와서 죽도록 하마."

하며, 애원하는 소리가 측은하기 짝이 없건만, 목석 같은 장쇠놈은 조금도 측은하게 여기는 빛이 없다. 끝내 듣지 않고 성화같이 재촉을 한다.

장화는 더욱더 그지없이 슬퍼서, 하늘을 우러러 통곡하면서,

"밝은 하늘은 이 억울한 사정을 살피소서! 장화의 팔자가 기박하여 칠 세에 모친을 잃고 자매가 서로 의지하여, 서산에 지는 해와 동녘에 돋는 달을 대할 때면 간장이 슬퍼지고, 후원에 피는 꽃과 섬돌에 돋는 풀을 볼 때면 슬퍼서 눈물이 비 오듯 합니다. 십 년 후에 아버님은 계모를 얻었으나, 성품이 흉악하여 우리에게 구박이 자심하니, 서러운 간장, 슬픈 마음을 이기지 못합니다. 하지만 낮에는 아버님을 바라고 밤에는 돌아가신 어머님을 생각하며 서로 손을 잡고 지루한 여름 낮과 기나긴 가을 밤을 긴 한숨과 땅이 꺼지는 탄식으로 보냈습니다. 그러던 중, 극악한 계모의 흉계를 벗어나지 못하고, 오늘 이렇게 물에 빠져 죽으니, 이 장화의 억울함을 천지 일월 성신은 바로잡아 주소서! 홍련의 자닝한 인생을 불쌍히 여기시어 나 같은 인생을 본받지 않게 하소서."

하고, 장쇠를 돌아보고,

"나는 이미 누명을 쓰고 죽는다마는, 저 외로운 홍련을 불쌍히 여겨

서 잘 인도하여 부모에게 잘못하는 일이 없게 하고, 부모를 모시고
백 세토록 살게 되기 바란다."

하며, 왼손으로 치마를 걷어잡고 오른손으로는 신발을 벗어서 못가에
놓고, 발을 구르면서 눈물을 비 오듯 흘리고 온 길을 향해서 넋을 잃고
통곡하면서,

"불쌍하구나, 홍련아! 적막한 방에 너 홀로 남았으니 자닝한 네 인생
이 누구를 의지하고 살아간단 말이냐. 너를 두고 죽는 나는 쓰라린
이 간장이 굽이굽이 다 녹는다."

말을 마치고 깊은 연못 속으로 나는 듯이 뛰어들었다. 참으로 애달픈
일이로다.

그 때 갑자기 물결이 하늘에 닿고 찬바람이 일어나더니, 달빛이 흐릿
한데, 산 속에서 큰 범이 내달아 꾸짖기를,

"네 어미가 무도하여 애매한 자식을 모해하여 죽이니, 어찌 하늘이
무심하시랴."

하고, 달려들어 장쇠놈의 두 귀와 한 팔, 한 다리를 떼어먹고 가 버렸
다. 장쇠가 기절하여 땅에 거꾸러지자, 장화가 탔던 말이 놀라 집으로
돌아갔다.

흉녀는 장쇠가 밤이 깊도록 돌아오지 않자 이상하게 여기고 있는데,
갑자기 장화가 타고 갔던 말이 소리를 지르며 달려왔다.

흉녀는 장화가 죽은 줄 알고 밖을 내다보다가, 말이 온몸에 땀을 비
오듯 흘리며 들어오건만 사람은 보이지 않았다.

흉녀는 놀란 나머지, 머슴을 불러 불을 켜들고 말이 온 발자국을 더
듬어 찾아가게 했다.

이윽고 한 곳에 이르러 보니, 장쇠가 거꾸러져 있었다. 깜짝 놀라 자
세히 들여다보았다. 팔 하나, 다리 하나와 귀가 없어지고 피를 흘리면
서 정신을 잃고 있었다. 모두들 어찌할 줄을 몰랐다.

그러더니 문득 향내가 진동하면서 찬바람이 불기에 두루 살펴보니, 향내는 못 가운데서 일어나고 있었다.

늙은 머슴이 장쇠를 구해 오자, 그 어미는 놀라서 바로 약을 먹이고, 상한 곳을 동여매 주었다. 비로소 장쇠가 정신을 차렸다. 흉녀는 기뻐하면서 어떻게 된 일이냐고 물었다. 장쇠가 전후 사정을 낱낱이 이야기하자, 흉녀는 더욱더 원망하는 마음이 들어 홍련마저 죽이려고 밤낮으로 궁리하기에 이르렀다.

이 때, 좌수는 장쇠의 변을 보아, 장화가 애매하게 죽은 줄을 깨닫고 한탄하고 슬퍼했다.

홍련도 역시 가증스러운 일을 모르고 있다가 집 안이 소란해짐을 보고 이상하게 여겨, 계모더러 그 연유를 물어 보았다.

그러자 흉녀는,

"장쇠가 네 언니를 데리고 가다가 범한테 물려서 병이 위중하다."

고 했다.

홍련이 다시 그 까닭을 묻자, 흉녀는 눈을 흘기면서,

"너는 어찌하여 괴로운 말을 자꾸 캐묻느냐?"

하며, 자리를 떨치고 나가 버렸다.

홍련은 흉녀가 이렇듯 박대하는 것을 보고 가슴이 터지는 듯했다. 몸이 떨려서 제 방으로 돌아와 언니를 부르면서 통곡하다가 어느 새 잠이 들었는데 꿈을 꾸게 되었다.

꿈 속에서 홍련은, 장화가 물 속에서 누런 용을 타고 북해로 향하는 걸 보고, 달려가서 물어 보려고 했지만, 장화는 본 체도 하지 않는 것이었다. 홍련이 울면서,

"언니는 어째서 나를 본 체도 않고 혼자서 어디로 가는 거야?"

하고 묻자, 장화는 눈물을 흘리면서,

"이제는 내가 가는 길이 너하고는 다르다. 옥황 상제의 명을 받아 삼

신산으로 약을 캐러 간다. 갈 길이 바빠서 자세한 얘기는 못 한다마는, 나를 무정하다고 생각지는 말아라. 내가 장차 너를 데려갈 것이다."

하고 말을 하는데, 갑자기 장화가 탄 용이 소리를 지르는 바람에 홍련은 소스라치게 놀라서 잠을 깼다.

기운이 써늘하고 땀이 흐르면서 정신이 아찔했다. 홍련은 이 꿈 이야기를 아버지에게 하고 통곡하면서,

"오늘은 제 마음이 뭣을 잃은 것만 같아 자연히 슬픈 느낌이 들어요. 혹시 언니가 이번에 무슨 연고가 있어서 남의 해를 입었는지도 몰라요."

하고 통곡했다.

좌수는 딸아이의 말을 듣고 가슴이 막혀 한 마디도 못 한 채 눈물만 흘렸다. 흉녀가 곁에 있다가 갑자기 낯빛이 달라지더니,

"어린아이가 웬 군말이 많아서 어른의 마음을 이리 슬프고 상하게 하는 거냐."

하며 등을 밀쳐 내치자, 홍련은 밖으로 나와,

"내가 꿈 이야기를 하자 아버님은 슬퍼하시면서 아무 말씀도 못 하시는데, 계모는 낯빛을 바꾸면서 이렇듯 구박을 하는 걸로 봐서, 여기에는 반드시 무슨 연고가 있는 거야."

하고 생각하면서 그 사실을 알고 싶어했다.

어느 날, 흉녀가 나가고 없는 틈을 타서 장쇠를 불러다가 달래면서 장화의 행방을 물어 보았다. 그랬더니 장쇠는 감히 속이지 못하고 장화의 전후 사정을 실토하는 것이었다. 그제야 홍련은 언니가 억울하게 죽은 사실을 알고 깜짝 놀라 기절했다가 간신히 정신을 차려 언니를 부르면서 외치기를,

"가련하구나, 언니여! 발칙하구나, 흉녀여! 자닝한 우리 언니여! 이팔

청춘 꽃다운 시절에 망측한 누명을 쓰고 푸른 물 속에 몸을 던져 천추의 원혼이 되었으니, 뼈에 새겨진 이 원한을 어찌해야 풀 수 있을꼬. 참혹하구나, 우리 언니! 가련한 이 동생을 적막한 방 속에 외로이 남겨 두고 어디 가서 안 오는고. 저승에 돌아간 언니가 동생이 그리워서 피눈물 흘릴 제, 구곡 간장이 다 녹았으리라. 옛부터 오늘에 이르기까지 이런 억울하고 원통한 일이 또 어디 있을꼬. 밝고 밝은 하늘은 살피소서. 소녀는 세 살 적에 어머니를 여의고 언니를 의지하여 지내 왔는데, 이 몸의 죄가 무거워서 모진 목숨이 외로이 남았다가 이런 변을 당했으니, 언니처럼 더러운 욕을 보지 말고, 차라리 이내 몸이 일찍 죽어 외로운 혼백이라도 언니를 따라 지하에 가서 놀고자 합니다."

하고 말을 마치자, 눈물이 비 오듯 흘러내리고 정신은 아뜩해졌다.

아무리 언니의 죽은 곳을 찾아가고자 하지만, 처녀의 몸이어서 문 밖의 길을 모르니, 어찌 그 곳을 찾아갈 수 있을 것인가. 침식을 모두 끊고 밤낮으로 한탄만 할 뿐이었다.

어느 날, 파랑새 한 마리가 날아와서 온갖 꽃이 흐드러지게 핀 사이로 오락가락하기에 홍련은 마음 속으로 생각하기를,

'내가 언니의 죽은 곳을 몰라 밤낮으로 궁금해하고 한스럽게 여기고 있으니까, 저 파랑새가 비록 미물이긴 하지만, 저렇듯 오가는 걸로 봐서 필경 나를 데려가려고 온 모양이야.'

하며, 슬픈 마음을 진정치 못하고 안절부절 못하고 있는데, 파랑새가 어디로 갔는지 사라져 버리자 여간 서운하지 않았다.

날이 다시 밝아 오자, 홍련은 그 파랑새가 오기를 기다렸으나 끝내 오지 않았다. 홍련은 슬픔을 이기지 못해서 종일 통곡하다가 드디어 날이 저물었다.

창을 의지하고 혼자서 생각하기를,

'이제는 파랑새가 안 와도 언니의 죽은 곳을 찾아가야겠다. 이 일을

아버님께 말씀드리면 못 가게 하실 테니, 사연을 써 두고 가자.'

하고, 종이와 붓을 가져다가 유서를 썼다. 그 글에는,

　'슬프다! 일찍이 어머님을 여의고 우리 자매가 서로 의지하며 세월을 보내고 있었는데, 천만 뜻밖에도 언니가 사람의 모해를 입어 아무 죄도 없이 몹쓸 누명을 쓰고 원한이 사무친 넋이 되었으니, 어찌 슬프지 않으며 억울하지 않겠어요. 불효 여식 홍련은 아버님 슬하에서 이미 십여 년을 모셨다가 오늘 가련한 언니를 따라가려 합니다. 앞으로는 아버님의 모습을 다시 뵐 수 없고, 음성조차 들을 수 없어요. 이런 일을 생각하니, 눈물이 앞을 가려 가슴이 막힙니다. 아버님께서는 불효 여식을 생각지 마시고 만수 무강하소서.'

라고 씌어 있었다.

　이 때는 새벽 오경* 무렵이어서 달빛이 뜰에 가득하고 맑은 바람이 솔솔 불어왔다. 그런데 문득 파랑새가 날아와 나무에 앉더니 홍련을 보고 반가운 듯이 지저귀었다.

　홍련은,

"너는 날짐승이긴 하지만 우리 언니 있는 곳을 가르쳐 주러 왔겠지?"

하고 말했다.

　그러자 그 파랑새는 말귀를 알아듣고 응하는 듯 지저귄다. 홍련이 다시 말하기를,

"네가 만일 나한테 가르쳐 주러 왔거든 길을 인도하렴. 그러면 내 너를 따라가마."

하자, 파랑새는 응하는 듯 고개를 조아린다. 그러자 홍련이,

"그러면 잠깐만 물러가 있거라. 함께 가자."

하고 말하더니, 유서를 벽에 붙이고 방문을 나오면서 한바탕 통곡을 하

＊ 오경(五更) 오전 3시부터 5시까지.

고는,

"가련하다, 내 신세여! 이제 이 집을 나가면 언제 다시 이 문전을 볼
  것인고!"

하고, 파랑새를 따라 나섰다.

홍련이 집을 빠져 나와 몇 리를 못 가서 먼동이 트기 시작했다.

청산은 겹겹이고, 큰 소나무는 울울창창히 우거졌는데, 백조는 슬프
게 울어 사람의 슬픈 마음을 돋우었다.

파랑새가 못가에서 망설이는 걸 보고 홍련이 좌우를 살펴보았다. 물
위에 오색 구름이 자욱한데, 그 속에서 슬픈 울음소리가 나더니 홍련을
부르면서,

"너는 무슨 죄로 천금같이 귀중한 목숨을 속절없이 이 곳에 버리려고
  하느냐. 사람이 한 번 죽으면 다시는 살아나지 못하거늘. 가련하다,
  홍련아! 세상일은 헤아리기 어려운 거야. 이런 일은 다시는 생각지
  말고, 돌아가서 부모님 극진히 봉양하고, 성현 군자 만나 아들딸 고
  루 낳아 기르며 돌아가신 어머님 혼령을 위로해 드려라."

하는 것이었다.

홍련이 언니의 목소리임을 알아듣고 급히 소리를 질러,

"언니는 전생의 무슨 죄로 나를 두고 이 곳에 와서 외로이 있는 거야.
  언니를 버리고 나 혼자서 살 길이 없어, 언니 곁으로 돌아가고 싶어."

하고 말했다.

그 다음에 또 들으니, 공중에서 들리는 구슬픈 울음소리가 그치지를
않는다. 홍련은 더욱 서러워서 정신을 차리지 못하다가 가까스로 진정
하여, 하늘을 향해서 절을 하고는,

"비나이다, 비나이다. 옥처럼 맑은 우리 언니, 천추에 몹쓸 누명을 썼
  으니 원한을 풀어 주옵소서! 하늘의 신과 땅의 신께서는 이 홍련의
  억울하고 원통한 한을 밝게 굽어살피소서!"

작자 미상

하고, 축원을 올린 다음 목을 놓고 슬피 울었다.

이럴 즈음, 공중에서 홍련을 부르는 소리가 나므로, 더욱더 슬픈 심정이 되었다.

그 때, 홍련은 오른손으로 비단 치마를 움켜잡고 나는 듯이 물 속으로 뛰어들었다. 슬프고 애닯구나. 해가 빛을 잃더니, 그 후에는 물 위에 안개가 자욱해지는데, 그 속에서 슬피 우는 소리가 밤낮으로 이어지면서 계모의 모해로 억울하게 죽은 사연을 자세히 들려주고 있었다. 그것은 근방의 사람들에게 억울한 사정을 널리 알리기 위해서였다.

원통한 한이 저승에 사무쳐, 장화 자매는 노상 원한을 풀고자 했다. 그래서 철산 부사의 관아에 들어가서 천추에 사무친 원통한 사정을 아뢰려고 하기만 하면 그 때마다 부사가 놀란 나머지 죽어 버리는 것이었다. 철산 부사로 오는 사람은 부임한 이튿날이면 죽기 때문에 그 후에는 아무도 부사로 오는 사람이 없었다.

그래서 철산군은 자연히 폐읍이 되고, 해마다 흉년이 들어 사람이 굶어 죽을 지경에 이르렀다. 그러자 백성들은 사방으로 흩어져, 고을 전체가 텅 비게 되었다.

이러한 사연을 적어 임금님에게 여러 번 장계*를 올리자, 드디어 임금님도 크게 근심하기에 이르렀다.

어느 날, 정동호라는 사람이 철산 부사로 가기를 원했다. 그는 성품이 강직하고 체모가 장중한 사람이었다.

임금님이 그를 불러 보시더니,

"철산읍에 이상한 변이 있어서 폐읍이 되었다 하여 매우 염려하던 중 그대가 이제 자원하니 심히 다행스럽고도 아름다운 일이나, 한편으로는 근심이 앞서노니, 매사 조심해서 백성을 안정시켜라."

---

* **장계**(狀啓) 지방에 파견된 관원이 임금에게 글로 보고하는 것.

하고, 분부하고 철산 부사를 제수하였다.

　부사는 그 날로 떠나 고을에 부임하자마자 이방을 불러,

　"내가 듣건대, 이 고을에 원이 부임한 후에는 바로 죽는다고 하던데, 그게 사실이냐?"

하고 물어 보았다. 이방은,

　"말씀드리기 황송합니다만, 오륙 년 전부터 새로 오시는 부사마다 밤이면 무슨 영문인지도 모르고 죽사오니, 그 연고를 알지 못하겠사옵니다."

하고 대답하므로, 부사는 분부했다.

　"너희들은 밤에 불을 끄되, 잠을 자지 말고 조용히 움직임을 살피고 있거라."

　부사는 객사에 가서 등불을 밝히고 〈주역〉*을 읽었다. 점점 밤이 깊어
가자 홀연히 찬바람이 불더니 정신이 아뜩해져서 어쩔 줄 모르게 몽롱해
진다. 그런데 그 때 난데없이 한 미인이 연두 저고리에 다홍 치마를 입고
들어와서 절을 하는 것이었다. 부사는 정신을 가다듬은 다음,

　"너는 어떤 사정이 있는 여자이기에 이 깊은 밤에 나를 찾았느냐?"
하고 물었다.

　여자는 고개를 숙이고 몸을 일으키더니 다시 절을 하고는,

　"소녀는 이 고을에 사는 배 좌수의 딸이었습니다. 소녀의 언니 장화
는 일곱 살이었고, 소녀가 세 살 되던 해에, 어머님을 여의고 아버지

---

*〈주역(周易)〉　유교의 경전인 육경의 하나. 만상을 음과 양으로 설명하고 그 으뜸을 태극이
라 함.

를 의지하여 살고 있었습니다. 그 후, 아버님이 후처를 얻었는데, 후처의 성품이 사납고 시기심이 극심했으나 아들 삼형제를 낳았습니다. 아버님은 아들을 낳은 계모를 가까이하고, 계모는 소녀의 자매를 심하게 박대했습니다. 소녀 자매는 그래도 어미라고 해서 계모 섬기기를 극진히 했건만, 박대와 시기는 날로 심해지기만 했습니다. 그것은 다른 까닭이 아니오라, 본디 소녀의 돌아가신 어머님이 남기신 재물이 많아서 노비가 수백 인이고, 논밭이 천여 석이었으며, 온갖 보화 또한 수레에 실을 만큼 많았습니다. 소녀 자매가 출가하면 그 재물을 다 가져갈까 염려하여 계모는 시기심을 품고 소녀 자매를 모해하기로 작정했습니다. 그리하여 스스로 흉계를 꾸며 내어, 큰 쥐를 잡아다가 튀하여 피를 많이 바르고 낙태한 형상을 만들어 언니의 이불 밑에 넣고는 아버님을 속여 언니에게 죄를 뒤집어씌운 후, 외삼촌의 집으로 보낸다고 언니를 속이고는 느닷없이 말에 태워 계모의 아들 장쇠놈으로 하여금 언니를 끌고 가다가 못 속에 밀어넣어 죽였습니다. 소녀는 이런 사실을 알자, 억울하고 원통한 나머지, 구차히 살다가 또 흉계에 빠지면 어떡하나 하고 두려워하던 끝에, 언니가 빠져 죽은 못에 가서 저 또한 빠져 죽고 말았습니다. 소녀가 죽은 것은 섧지 않사오나, 이 억울한 누명을 씻을 길이 없어서 더욱더 원통했습니다. 그래서 새로 오시는 원님께 원통한 사정을 아뢰려고 할 때마다 모두 다 죽어 버리므로 뼈에 사무친 원한을 풀지 못하고 있는 중입니다. 그런데 이번에 천행으로 밝으신 사또를 맞아 감히 원통한 사정을 아뢸 수 있게 되었사오니, 사또께서는 소녀의 슬픈 혼백을 불쌍히 여기시어 부디 천추의 원한을 풀어 주시고, 아울러 언니의 누명을 벗겨 주십시오."

하고, 말을 마치더니 일어나 하직 인사를 하고 나갔다.

부사는 괴이쩍게 여겨 속으로 생각하기를,

'이런 일이 있어서 폐읍이 되었구나.'

하고, 이튿날 날이 새기를 기다렸다가 이방을 불러 물어 보았다.

"이 고을에 배 좌수라는 사람이 있느냐?"

"예, 있습니다."

"좌수의 전처와 후처가 낳은 자식이 각각 몇이나 되느냐?"

"두 딸은 일찍 죽고, 세 아들이 있습니다."

"두 딸은 어째서 죽었다 하더냐?"

"남의 일이어서 자세히는 알지 못합니다. 장녀는 무슨 죄가 있어서 연못에 빠져 죽었다 하는데, 그 동생이 언니와 우애하고 지내던 터라 밤낮으로 통곡하다가 결국에는 동생 또한 언니를 따라 역시 그 연못에 빠져 죽어 똑같이 원혼이 되었다 합니다. 그런 후로 자매의 원혼은 날마다 못가에 나와 앉아 울면서 말하기를, '계모의 모해를 입어 죽었다.' 하고, 이런저런 이야기를 하므로, 지나는 사람들이 그 말을 듣고 눈물을 흘리지 않는 사람이 없다고 합니다."

부사는 듣고 나서 곧 관차*를 불러,

"배 좌수 부부를 잡아들여라."

하고 분부했다.

관차는 바로 배 좌수 부부를 잡아들였다.

부사는 좌수에게 물었다.

"내가 듣건대 두 딸과 후처의 세 아들이 있다 하던데 사실인가?"

"예, 그렇습니다."

"다 살아 있는가?"

"두 딸은 병들어 죽고, 다만 세 아들만 살아 있습니다."

"두 딸은 무슨 병으로 죽었는고. 바른 대로 아뢰면 죽기를 면하려니

---

* **관차**(官差) 관아에서 파견하던 사령 등의 아전.

와, 그렇지 않으면 곤장을 맞고 죽을 것이다."

좌수는 얼굴이 흙빛이 되어 아무 말도 못 하나, 흉녀는 이 말을 듣고 크게 놀라면서 아뢰기를,

"사또께서 이미 아시고 물으시는데, 어찌 눈곱만큼이라도 거짓말을 하겠습니까? 전실 자식으로 두 딸이 있었습지요. 그런데 그 애들이 장성하더니, 장녀가 음탕한 짓을 하여 잉태하고 말았습니다. 장차 그 사실이 누설될까 걱정되어 머슴들도 모르게 약을 먹여 낙태하게 했습니다. 남들은 이런 줄도 모르고 계모의 모해라고 할 것 같아, 그 애를 불러다 놓고, '네 죄는 죽어 아깝지 않다만, 너를 죽이면 남이 나의 모해인 줄로 알 것 같아서 죄를 용서해 주는 것이니 앞으로 다시는 이런 음탕한 짓을 말고 마음을 닦도록 해라. 만일 남이 알면 우리 집안을 손가락질 할 것이다. 그러면 무슨 면목으로 사람들을 대한단 말이냐?' 하고 꾸짖었습니다. 그랬더니 저도 죄인 줄로 알고 스스로 부모 보기를 부끄러워하여 밤에 나가서 못에 빠져 죽었습니다. 그런데 그 동생인 홍련이도 또한 제 언니의 음탕한 짓을 본받아 밤을 타서 집을 나간 지가 여러 해가 되었습니다. 어디로 갔는지도 알 수 없을 뿐만 아니라, 양반의 자식이 음탕한 짓을 하러 나갔는데, 어찌 찾아 나설 수가 있겠습니까?"

하고 말했다.

부사는 듣기를 다한 후에,

"네 말이 그러하다면 낙태한 것을 가져오면 가히 알 수 있을 것이다."

하고 말했다. 흉녀는 대답하기를,

"소녀의 친자식이 아니어서, 이런 일을 당할 줄을 알고, 그 낙태한 것을 깊이 감추었다가 여기 가져왔습니다."

하고 바로 품 속에서 내어 바치자, 부사가 보니, 낙태한 것임이 분명했

다. 부사는 분부하기를,

"말과 사실이 어긋남이 없다. 그러나 죽은 지가 오래 되어 분명한 증거가 없다. 다시 생각하여 처리할 것이니, 아직은 물러가 있거라."

하고 놓아 주었다.

그러자 그 날 밤에 홍련의 자매가 부사 앞에 다시 나타나,

"소녀들이 뜻밖에도 밝으신 사또를 만나 소녀 자매의 누명을 씻어 볼까 했습니다만, 사또께서 그 흉녀의 간특한 꾀에 빠지실 줄을 어찌 알았겠습니까?"

하며 슬피 울다가 다시 말하기를,

"일월같이 밝으신 사또는 깊이 통촉하시기 바랍니다. 이제 사또께서 간악한 계집의 말을 곧이듣고 깨닫지 못하시니, 어찌 애닯지 않겠습니까? 바라건대, 사또께서는 흉녀를 다시 부르시어 낙태한 것을 올리라 하여 배를 가르고 보시면 반드시 밝혀질 것이 있을 것입니다. 소녀의 자매를 불쌍히 여기시어 사실을 밝혀 주시고, 소녀의 아비는 본성이 착하여 어두운 탓으로 흉녀의 간계에 빠져 옳고 그름을 분별치 못합니다. 그러니 너그러이 용서해 주시기 바랍니다."

말을 마치고 홍련 자매는 푸른 학을 타고 하늘로 날아갔다.

부사는 자기가 흉녀에게 속은 것을 깨닫고 분노하여, 이튿날 좌수 부부를 다시 잡아들이게 하였다.

부사는 낙태한 것을 올리라 하여 살펴본즉 낙태가 아님을 분명히 알 수 있었다.

"그 낙태한 것을 배를 갈라 보아라."

좌우에서 명을 받들어 칼을 들고 배를 가르자, 그 속에 쥐똥이 가득 들어 있었다. 부사는 이를 보고 버럭 화를 내어 큰칼을 씌우고는 소리를 높여 꾸짖었다.

"이 간특한 년아! 네가 흉칙한 죄를 짓고도 방자스럽게 속이기에 내

가 생각하는 바가 있어 놓아 주었거니와, 이제는 무슨 말을 꾸며 변명코자 하느냐? 네가 나라의 법을 가볍게 생각하고 못 할 짓을 행하여 죄 없는 전실 자식을 죽였으니, 그 이유를 바른 대로 아뢰어 형벌의 괴로움을 받지 않도록 하라."

부사는 배 좌수와 흉녀와 장쇠 등의 진술을 듣고, 한편으로는 흉녀의 본뜻을 깨닫고, 한편으로는 장화 자매의 원통한 죽음을 불쌍히 여겨,

"이 죄인은 다른 죄인들과는 판이하므로, 내 마음대로 처리하지 못하겠다."

하고 감사*에게 보고하자, 감사는 이 말을 듣고 크게 놀라,

"이런 일은 고금에 없는 일이다."

하며 바로 장계를 올렸더니, 임금님이 보시고 홍련의 자매를 불쌍히 여기시어 어명을 내리시기를,

"흉녀의 죄상은 말할 수 없이 발칙하므로 흉녀는 능지 처참*을 하여 후세 사람을 일깨워 주고, 그 아들 장쇠는 목을 매어 죽이고, 장화 자매의 혼백은 원한을 풀어 주어 비를 세워 주고, 그 아비는 풀어 주라."

하셨다.

감사는 어명을 받자 그대로 철산 부사에게 통보해 주었다.

부사는 드디어 바로 흉녀를 능지 처참하여 효시*하고, 아들 장쇠는 교살*하고, 좌수는 뜰 아래 꿇어앉히고 꾸짖기를,

"네 아무리 현명치 못한들 그 흉녀의 간교한 꾀를 깨닫지 못하고 자식을 억울하게 죽게 했으니, 마땅히 네 죄를 다스릴 것이로되, 홍련 자매의 소원이 있고, 또 임금님의 하교*도 그러하시므로 네 죄를 특

---

* **감사(監司)** 조선 시대의 종2품 벼슬로, 행정상의 절대적 권한을 가진 각 도의 지방 장관.
* **능지 처참(陵遲處斬)** 머리, 몸, 팔, 다리를 토막 쳐서 죽이던 극형.
* **효시(梟示)** 죄인을 목을 베어 높은 곳에 매달아, 경계하는 뜻으로 뭇 사람에게 보이는 것.
* **교살(絞殺)** 목을 졸라 죽이는 것.
* **하교(下敎)** 왕의 명령.

별히 용서해 주겠다."

좌수는 임금님의 은혜에 감사하고, 두 아들을 데리고 나갔다.

부사는 몸소 관리들을 거느리고 장화 자매가 죽은 못에 가서 물을 치고 본즉 두 소녀의 시체가 옥평상 위에 자는 듯이 누워 있는데, 얼굴이 조금도 변치 않아서 산 사람 같았다.

부사가 이를 보더니 괴이쩍게 여겨, 관을 갖추어 이름난 산을 골라 안장하고, 무덤 옆에 석 자 길이의 비석을 세웠다.

그 비석에는 '해동 조선국 평안도 철산군 배무룡의 딸 장화, 홍련의 불망비*'라는 비문을 새겼다.

부사는 장사를 마치고 돌아와 정사를 다스리는데, 하루는 몸이 피곤하여 졸고 있을 때, 문득 장화 자매가 들어와 절을 하고 사례하며 말하기를,

"소녀 자매는 일월같이 밝으신 사또를 만나 뼈에 사무치는 한을 풀고, 또 해골까지 거두어 주시며, 아비의 죄를 용서해 주시니, 그 은혜는 태산이 오히려 낮고 하해*가 얕으므로, 반드시 결초 보은*하겠습니다. 얼마 안 가서 관직이 올라갈 것이니, 두고 보옵소서."

하고 홀연히 사라졌다.

부사가 놀라 깨어 보니 한바탕의 꿈이었다. 꿈 이야기를 기록하여 그 후에 증험하여 보았더니, 과연 그 달부터 차츰 승진하여 통제사*에 이르렀다.

배 좌수는 나라의 처분으로 흉녀를 능지 처참하여 두 딸의 원혼을 위로하였으나, 오히려 마음에 쾌감이 없고 오직 두 딸의 억울한 죽음을 밤낮으로 슬퍼하여 그 모습이 보이는 듯, 목소리가 들리는 듯해서 미칠

* **불망비**(不忘碑) 후세에 잊지 않고 전하기 위해 세우는 비석.
* **하해**(河海) 큰 강과 바다.
* **결초 보은**(結草報恩) 죽어서까지라도 은혜를 잊지 않고 갚음.
* **통제사**(統制使) 조선 시대에 경상, 전라, 충청 세 도의 수군을 통솔하던 무관직.

것만 같았다. 다시 이 세상에서 부녀간의 의를 맺어 남은 한을 풀기를 늘 축원했다.

그러나 집안에 조석 공양을 할 사람조차 없어 마음을 둘 곳이 없었으므로 할 수 없이 향속 윤광호의 딸에게 다시 장가를 들었다. 나이는 십팔 세요, 용모와 재질이 비상하고, 성정이 또한 온순하여 자못 숙녀의 풍도가 있었다.

좌수는 크게 기꺼워하며 금실이 좋았다.

어느 날, 좌수가 두 딸의 생각이 간절하여 잠을 이루지 못하고 있을 때, 장화 자매가 옷차림을 황홀히 차리고 완연히 들어와 절하며 말하기를,

"소녀는 원통한 사정을 옥황 상제께 아뢰었더니, 상제께서 통촉하시어 말씀하시기를 '너희들의 정상이 불쌍하나 이것도 역시 너희들의 팔자다. 누구를 원망하겠느냐. 그러나 너의 아비와 세상 인연이 다하지 않았으니, 다시 세상에 나가서 부녀간의 정의를 맺어 서로 원한을 풀어라.' 하시고, 물러가라 하시니 그 뜻을 알지 못하겠습니다."

하기에, 좌수가 붙잡고 반길 무렵에 닭 우는 소리에 놀라 깨어 보니, 무엇을 잃은 듯이 취한 것 같고 미친 것 같아서 심신을 진정치 못했다.

그 때 후취 윤씨 또한 꿈 하나를 얻으니, 선녀가 구름을 타고 내려와 연꽃 두 송이를 주면서 하는 말이,

"이 꽃은 장화와 홍련입니다. 애매하게 죽었다고 해서 옥황 상제께서 불쌍히 여기시어 부인께 점지하셨습니다. 귀하게 길러 영화를 누리십시오."

하고 사라졌다.

윤씨가 깨어 보니, 꽃송이는 손에 그대로 쥐어져 있고, 향기가 방 안에 가득하므로, 괴이하게 여겨 좌수를 불러 꿈 이야기를 한 다음,

"장화와 홍련이 어떤 사람이지요?"

하고 물었다.

좌수는 이 말을 듣고 꽃을 보니, 꽃이 넘놀며 반기는 듯하므로, 두 딸을 다시 만난 듯하여 눈물을 흘리며 딸의 전후 사연을 말한 다음,

"나도 좀 전에 그런 꿈을 꾸었는데, 부인이 또 그런 꿈을 꾸었으니, 이것은 반드시 두 딸이 부인에게 태어날 조짐인 것 같소."

하고, 서로 기꺼워하면서 꽃을 옥병에 꽂아 장 속에 넣어 두고 이따금 가서 보고 사랑하니, 슬픈 마음이 자연히 사라졌다.

윤씨는 그 달부터 태기가 있더니, 열 달 만에 두 딸을 낳았다.

좌수가 밖에 있다가 급히 들어와 부인을 위로하며 아기를 본즉 용모와 기질이 옥으로 새긴 듯, 꽃으로 모은 듯, 비할 바 없이 아름다워 그 연꽃과 같았다.

좌수 부부는 기꺼워하며 그 꽃을 돌아보니, 이미 온데간데 없었다. 너무도 괴이하게 여겨 '꽃이 변하여 딸아이가 되었구나.' 하며, 이름을 다시 장화, 홍련이라 짓고, 손 안에 든 보배로운 옥처럼 소중하게 길렀다.

세월이 흐르는 물 같아서, 사오 세에 이르자, 두 딸이 골격이 비상하고 부모를 효성으로 받들더니, 점점 자라서 십오 세에 이르자, 덕을 구비하고 재질이 또한 출중했다.

이 때, 평양에 이연호라는 사람이 있었다. 그는 슬하에 자식 하나도 없어 항상 슬퍼하다가 늦게야 쌍둥이 아들 형제를 두었다. 이름은 윤필, 윤석이었다. 이제 나이 십육 세인데, 용모가 화려하고 문장과 붓글씨가 뛰어났다.

그의 부모는 배 좌수의 딸 쌍둥이 자매가 아주 특이하다는 소문을 듣고 혼인을 청했더니, 양가가 서로 합의하여 바로 허락하고 택일하니, 때는 구월 보름께였다.

이 때, 천하가 태평하고 나라에 경사가 있어 과거를 보이므로, 윤필

형제가 과거에 응시하여 장원 급제를 했다.

임금님이 그 인재를 기특하게 여기시어 즉시 한림 학사* 벼슬을 내리셨다.

그럭저럭 혼인날이 왔다.

한림 학사 형제가 위의를 갖추고 풍악을 울리며 신부집에 이르러 혼례를 마쳤다. 신부를 맞이하여 집으로 돌아와 시부모에게 인사를 시키니, 그 아름다운 태도는 한 쌍의 아름다운 구슬이요, 두 낱의 갈지 않은 옥이었다.

그리하여 신부 자매는 시부모를 효성으로 받들고, 군자에게 순종했다. 장화는 2남 2녀를 낳았고, 홍련은 두 아들을 낳았다. 그 아들들은 모두 다 과거에 급제하여 높은 벼슬을 살았다.

한편, 배 좌수는 구십이 되어 좌찬성* 벼슬을 하다가 윤씨와 앞서거니 뒤서거니 하며 세상을 떠났다.

한림 형제는 부모가 돌아간 후 한 집에서 같이 살면서 자손을 거느리고 살다가 장화 자매는 칠십삼 세에 세상을 뜨고, 한림 형제는 칠십오 세에 죽으니, 그 자손들이 아들딸 고루 낳아 길이 복과 녹을 누리며 행복하게 살았다.

---

* 한림 학사(翰林學士) 한림원의 학사. 정4품임.
* 좌찬성(左贊成) 조선 시대, 의정부의 종1품 벼슬.

작자 미상

토끼전

토끼전

1

이 세상에는 큰 바다가 넷이 있으니, 동해와 서해와 남해와 북해이다. 이 네 바다에는 각각 용왕이 있다. 동해에는 광연왕(廣淵王), 남해에는 광리왕(廣利王), 서해에는 광덕왕(廣德王), 북해에는 광택왕(廣澤王)이 있다.

네 바다의 용왕 중에서 다른 세 용왕은 아무 일이 없었으나, 오직 남해의 광리왕만은 우연히 병을 얻어 약을 썼으나 온갖 약이 다 효험이 없어 거의 죽을 지경에 이르렀다.

어느 날, 용왕이 모든 신하를 모아 놓고 의논하여 말씀하시기를,

"가련하구나! 과인의 한 몸이 죽게 되면 북망산 깊은 곳에 백골이 흙이 되어, 이 세상의 영화와 부귀가 다 허사로구나. 이전에 육국*을 통일한 진시황이 이르기를 삼신산*에 먹으면 영원히 죽지 않는다는 불사약이 있다하여 이를 구하려고 소년·소녀 5백 명을 보냈으나 아

---

* 육국(六國) 중국 전국 시대의 제후국인 여섯 나라.
* 삼신산(三神山) 중국 전설에 나오는, 신선이 산다고 하는 봉래산, 영주산, 방장산.

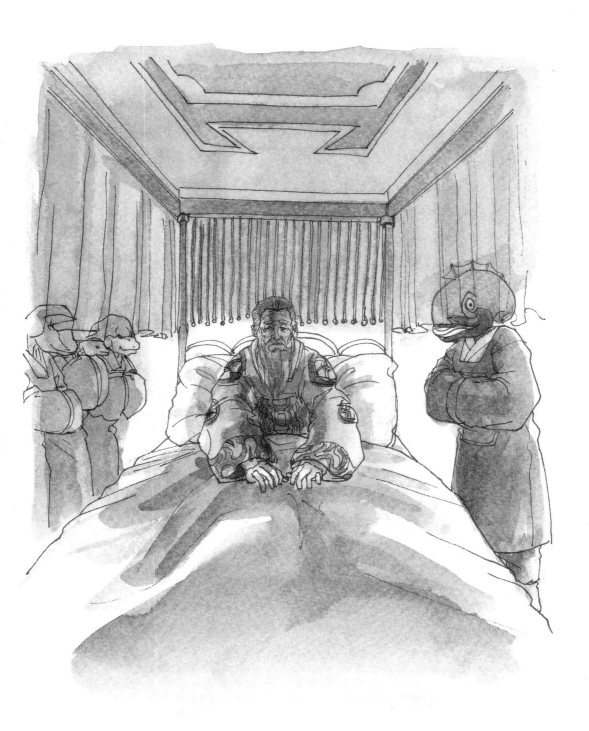

무 소식이 없었고, 위엄이 네 바다에 떨치던 한무제도 백량대*를 높이 쌓고 오래 살 수 있다는 이슬을 받으려 구리 쟁반을 만들었으나 헛되이 죽었도다. 여산*의 새벽달과 무릉*의 가을 바람도 속절없는 한 줌의 흙이 되었거늘, 하물며 나 같은 조그마한 임금이야 말해서 무엇하랴! 대대로 전해져 내려오는 왕가의 물려 오는 사업과 재산을 영원히 이별하고 죽을 일이 아득하구나. 유명한 의원이나 널리 구하여 자세히 진맥하고 약을 씀이 마땅할 것이다.”

하고 이어서 어명을 내려 말씀하시기를,

“과인의 병세가 이렇듯 위중하니, 그대들은 충성을 다하여 반드시 이름난 의원을 널리 구하여, 과인을 살림으로써, 임금과 신하가 다 같이 행복을 누리게 하라.”

하니, 한 신하가 용왕 앞으로 나아가 아뢰기를,

“신이 듣기로는 월나라의 범상국이며 당나라의 장사군이며 초나라의 육처사는 오나라와 초나라의 국경 지대에서 사는 세 호걸들이온데, 이 세 사람을 청하여 물어 보시면 마땅히 좋은 도리가 있을 듯하옵니다.”

하였다.

　모두들 돌아다보니, 선조 때부터 충성이 극진하던, 수천 년 묵은 잉어였다. 왕이 들으시고 옳게 여기시어, 즉시 사신을 임명하고 예물로 줄 비단을 갖추어 세 사람을 불러 오라 하셨다.

　며칠 후, 그 세 사람이 찾아오자, 왕은 수정궁에 반듯한 자세로 앉아 세 사람을 만나 보시는데, 옥으로 된 평상에 비스듬히 몸을 기대어 세 사람에게 고맙다고 인사하면서 말씀하시기를,

---

* 백량대(柏梁臺)　전한 시대 장안(長安)의 서북쪽에 높이 쌓은 누대.
* 여산(驪山)　당나라 현종이 여산에 화청궁을 지어 놓고 양귀비와 즐겼음.
* 무릉(武陵)　한나라 때 호남성 북서부에 있었던 지명.

"여러 선생께서 과인을 위하여 천 리를 멀다 하지 아니하시고 이 누추한 곳을 찾아 주시니 감사합니다."

세 사람이 공손한 태도로 대답하여 아뢰기를,

"저희들은 티끌 세상에서 덧없이 살다가 청운*과 홍진*을 떠나 강가의 자연 풍경을 사랑하여, 오나라와 초나라 강산의 궁벽한 땅을 마음 내키는 대로 오락가락하며 무정한 세월을 헛되이 보내고 있었는데, 천만 뜻밖에도 대왕께서 부르신다는 말씀을 듣고, 이렇게 달려와서 외람되이 용왕의 용안을 대하오니, 황공하기 그지없습니다."

왕이 대단히 기뻐하여 말씀하시기를,

"과인이 신수가 불길하여 우연히 병을 얻은 지 이미 여러 해가 되었소. 병이 골수에 사무쳐 많은 약을 써 보았지만 조금도 효험이 없으니 살 길이 막막할 뿐이오. 바라건대 선생들께서는 큰 덕을 베푸시어 죽게 된 목숨을 살리시면 하늘 같은 은덕을 만분의 일이라도 갚을까 하오."

세 사람이 듣기를 다하고 묵묵히 앉아 있다가 한참 후에 아뢰기를,

"대체로 술은 사람의 마음을 미치게 하는 약이요, 색은 사람의 수명을 줄이는 근본입니다. 이제 대왕께서 술과 여자를 너무 즐기시어 이 지경에 이르셨사오니, 이는 스스로 지으신 죄입니다. 누구를 원망하고 탓하오리까. 어떤 사람은 이르기를, 사람이 나이가 어린 시절에는 예사로이 그렇게 한다고 하지만, 이렇듯 위중한 병이 한번 드시면 화타*나 편작*이 다시 온다 하더라도 치료할 방법이 전연 없습니다. 인삼과 녹용을 밤낮으로 잡수신다 해도 아무런 도움이 안 되며, 재물이 아무리 많이 있다 해도 병을 대신해 줄 수 없으며, 힘이 천하 장사

---

* 청운(靑雲) 높은 지위나 벼슬.
* 홍진(紅塵) 번거롭고 속된 세상.
* 화타(華陀) 중국 후한과 초나라의 명의.
* 편작(扁鵲) 중국 전국 시대의 명의.

라 하여도 병을 막아 낼 방도가 없습니다. 이리저리 아무리 생각해 봐도 나라의 운이 불행한 것인지 타고나신 수명이 다하셔서 그런 것인지는 몰라도, 대왕의 병환은 회복되기 어려운 것 같사옵니다."

왕이 듣기를 마치고 크게 놀라 말씀하시기를,

"그러면 어찌하면 좋을꼬. 슬프도다! 과인이 한 번 이 세상을 하직하고 적막 강산으로 돌아가면, 어느 날 어느 때 다시 올 수 있을까! 춘삼월의 복숭아꽃, 자두꽃, 사오월의 녹음방초, 팔구월의 황국 단풍, 동지섣달의 설중매며, 삼천 궁녀 화장한 아름다움을 헌신짝처럼 다 버리고 저승 손님이 될 량이면, 어찌 슬프지 않을 것인가. 아무려나, 여러 선생들께서는 신통한 재주를 다하여, 비록 효험이 없을지라도 약 이름이나 가르쳐 주시면 죽어도 한이 없을까 하오."

하며 눈물을 비 오듯 흘렸다.

이 때, 세 사람이 용왕의 말씀을 듣고 미소를 지으면서 아뢰기를,

"대왕의 병환은 심상치 않은 증세입니다. 무릇 온갖 병의 증세를 따라 쓰이는 약제를 말씀할 것 같으면, 상한에는 시호탕이요, 음허화통에는 보음익기탕이요, 열병에는 승마갈근탕이요, 원기 부족증에는 육미지황탕이요, 체증에는 양위탕이요, 각통에는 우슬탕이요, 안질에는 청간명목탕이요, 풍증에는 방풍 성탕입니다. 그러한 약들이 대왕의 병환에는 하나도 당치 않습니다. 다만 신효한 것이 오직 한 가지 있으니, 그것은 바로 토끼의 생간입니다. 그 간을 얻어 더운 김에 잡수시면 효험을 보실 것입니다."

왕이 말씀하시기를,

"토끼의 간이 어찌하여 과인의 병에 좋다 하시오."

세 사람이 답하여 아뢰되,

"토끼라 하는 짐승은 천지 개벽 후에 음양의 조화로 이루어진 짐승입니다. 병은 오행*의 상극으로도 고치고, 오행의 상생으로도 고치는

법입니다. 산은 양이요, 물은 음일 뿐이려니와, 그 중에 간이라는 것은 목기(木氣)로 된 것입니다. 만일 대왕께서 토끼의 생간을 얻어 쓰시면 음양이 서로 화합하게 됩니다. 그래서 신효하다는 것입니다."

하고 말을 마치더니 하직 인사를 하면서 아뢰기를,

"우리는 푸른 물, 푸른 산의 벗님네와 무릉도원*에서 꽃놀이를 하기로 약속되어 있어서 한없는 회포를 다 펴지 못하고 총총히 떠납니다. 바라건대 대왕께서는 옥체를 천만보중하십시오."

하고 섬돌에 내려서더니 백운산을 향하여 문득 온데간데 없이 연기처럼 사라졌다.

이 때, 용왕이 세 사람을 보내고 나서 즉시 조정의 모든 벼슬아치를 모아 어명을 내리기를,

"과인의 병에는 어떤 영약도 다 소용없으되, 오직 토끼의 생간이 신효하다 하니, 뉘 능히 사람이 사는 육지 세계에 나아가 토끼를 사로잡아 오겠는가."

하자, 문득 한 대장이 앞으로 나와서 아뢰기를,

"신이 비록 재주는 없사오나, 한번 인간 세상에 나아가 토끼를 사로잡아 올까 합니다."

하기에 모두들 돌아보니, 머리는 두루주머니 같고, 꼬리는 여덟 갈래로 갈라진, 수천 년 묵은 문어였다.

왕이 매우 기뻐하며 말씀하시기를,

"그대의 용맹은 과인이 알고 있도다. 충성을 다하여 급히 인간 세계에 나아가 토끼를 사로잡아 오면 그 공을 크게 갚겠노라."

하고 장차 문성장군을 봉하려 할 즈음에, 문득 한 장수가 내달으더니 크게 외쳐 문어를 꾸짖기를,

---

* 오행(五行) 만물을 생성시키는 다섯 가지의 원기.
* 무릉도원(武陵桃源) 신선이 사는 아름답고 행복한 세계.

"문어야. 아무리 기골이 씩씩하고 장대하며 위풍이 약간 있다 한들, 언변이 없고 꾀가 부족한데, 네 무슨 재주로 공을 이루겠다 하느냐. 또 인간 세계 사람들이 너를 보면 영락없이 잡아다가 요리조리 오려 내어 국화 송이 형형색색 아로새겨 혼인 잔치며 환갑 잔치 큰상에 어물 접시 웃기*로 긴요할 것이며, 재주 있고 아름다운 남녀의 놀음상과 뼈대 있는 명문 가문과 크게 번창한 집안에서 손님을 접대하기 앞서 내오는 간략한 음식상에 알맞을 것이며, 어린아이 군입질과 무과에 합격하지 못한 활발한 청년들이 술안주로 구하는 것이 바로 네 고기이니라. 무섭고 두렵지 않느냐. 나는 세상에 나아가면 칠종칠금* 하던 제갈량같이 귀신처럼 나타났다가 귀신같이 사라지는 꾀로 토끼를 사로잡아 오려니, 이는 차라리 손바닥 뒤집기보다 쉬운 일이다."
하기에 모두들 돌아보니까, 이는 수천 년 묵은 자라인데, 딴이름은 별주부*라고 하였다.

문어는 자라의 말을 듣고 있노라니 분기가 하늘을 찌를 듯이 일어나, 두 눈을 부릅뜨고 다리를 앙버티고 검붉은 대가리를 설설 흔들면서 벽력같이 소리를 질러 꾸짖어 말하기를,

"요망하고 간사스런 별주부야. 네, 내 말을 들어 봐라. 포대기에 싸인 아이가 감히 어른을 능멸하니, 이는 이른바 범 모르는 하룻강아지같구나. 네 죄를 의논할 것 같으면, 태산이 오히려 가볍고, 바다도 진실로 얕을 것이다. 또, 네 모양을 보게 되면, 괴괴망측하여 가소롭기 그지없다. 사면이 넓적하여 나무 접시 모양이니, 저토록 작은 머리 속에 무슨 꾀가 들었겠느냐. 세상 사람들이 너를 보면 두 손으로 움켜다가 끓는 물에 솟구쳐 끓여 내니 자라탕이 별미로구나. 이는 권세

---

* **웃기** 음식을 괴어 놓은 그릇 위에 모양을 내기 위해 얹어 놓는 재료.
* **칠종칠금**(七縱七擒) 제갈량이 남쪽 오랑캐의 두령인 맹획을 일곱 번 놓아 주고 일곱 번 사로잡은 일.
* **별주부**(鼈主簿) 주부라는 벼슬을 한 자라.

있는 집안의 아들들이 즐기는 것이니, 네가 무슨 수로 살아 돌아오겠느냐."

하자, 자라가 말하기를,

"너는 우물 안 개구리로다. 오직 하나만 알고 둘은 모르는구나. 자서*는 몇 사람을 당해 낼 만한 용기를 지녔으면서도 검광에 죽었으며, 초패왕 항우는 세상을 덮을 만한 기세를 지녔으면서도 해하성*에서 패하였느니라. 우직한 네 용맹이 내 지혜를 어찌 당할 것이냐. 내 재주를 들어 봐라. 끝없이 넓고 깊은 푸른 바다 물 속에서 맑은 하늘에 구름 뜨듯, 사나운 바람에 낙엽이 지듯, 기엄둥실 떠올라서 네 다리를 바로 끼고 긴 목을 옴츠려 속에 들여놓고 넙죽이 엎드리면 둥글둥글 수박 같고, 편편넓적 솥뚜껑이라. 나무 베는 아이하며 고기 낚는 늙은 어부들이 무엇인지 몰라 갸웃거리니, 길고 오래 가기가 태산 같을 것이며, 그 평안하기 또한 너럭바위 같으니라. 남모르게 변화를 한없이 부려, 육지에 당도하여 토끼를 만나 보면, 잡을 수 있는 묘한 꾀가 신통하니라. 광무군 이좌거*가 초패왕을 유인하던 수단으로 간사한 저 토끼를 잡아 올 신하는 나뿐이로다. 네가 어찌 감히 내 슬기로운 계책과 묘한 계략을 따를 것이냐."

문어가 그 말을 들으니 말인즉 옳았다. 하릴없이 뒤통수를 툭툭 치며 흔들흔들 물러나니, 용왕이 별주부의 손을 잡고 술을 부어 권하면서 말씀하시기를,

"그대의 지모와 언변은 실로 놀랍도다. 그대는 충성을 다하여 공을 이루어 속히 돌아오면 부귀영화를 대대로 물려 가면서 누릴 것이다."

자라가 다시 아뢰어 말하기를,

---

* **자서(子胥)** 중국 춘추 시대 오나라의 충신. 오나라 왕 부차의 명령에 의해서 촉루검으로 자결했음.
* **해하성(垓下城)** 항우가 유방에게 패하여 죽은 곳.
* **이좌거(李佐車)** 중국 초한 전쟁 때의 한나라 장수.

"소신은 용궁에 있고 토끼는 산중에 있으니, 그 형상을 알 길이 없습니다. 바라건대 성상께서는 화공을 부르시어 토끼의 형상을 그려 주십시오."

용왕이 옳은 말이라고 여겨, 즉시 도화서*에 어명을 내리어 토끼의 화상을 그려 들이라 하였다. 여러 화공들이 둘러앉아 토끼 화상을 그리는데, 각기 한 가지씩 맡아 그리되, 천하 명산의 아름다운 경치를 바라보던 눈을 그리고, 두견새와 앵무새가 지저귀는 소리를 듣던 귀를 그리며, 난초와 지초 등 온갖 향초의 꽃을 따먹던 입을 그리고, 동지섣달 눈위에 휘몰아치는 찬바람 막던 털을 그리며, 수도 없이 겹쳐진 첩첩 산골짜기와 높은 봉우리에 휘감긴 그 구름 속을 뛰어다니던 발을 그리니, 두 눈은 도리도리, 앞다리는 짤막, 뒷다리는 길쭉, 두 귀는 쫑긋하여 영락없는 산토끼였다.

왕이 보고 크게 기뻐하여 여러 화공들에게 돈과 비단을 상으로 내주고, 그 화본을 자라에게 내주면서, 왕이 친히 천일주를 옥잔에 가득 부어 거듭 석 잔을 권하고 나서 말씀하시기를,

"과인이 이제 그대를 먼 길에 보내매, 임금과 신하 사이에 애틋한 정을 이기지 못하여, 병중에 정신을 억지로 차려 한 수의 글을 지어 그대를 작별하는 것이니, 그대는 과인의 이 뜻을 살피기 바라오."

하고, 한 폭의 비단에 친히 그 글을 써서 주니, 대강 이러하다.

이 날, 나로 인해 그대 떠남을 재촉하니,
해바라기꽃은 화려한데 숲가에 찬란히 피었도다.
흰구름 흐르는 물은 멀고
모름지기 먼 길에 청산의 명약을 얻어 오기 바라노라.

---

* 도화서(圖畵署) 그림에 관한 일을 맡아 보던 관청.

자라가 황공하여 두 손으로 받아들고 공손히 고개 숙여 절을 한 뒤 즉시 그 운*에 화답하여 한 수의 글을 지어 왕의 평상 아래 올리니, 그 글 또한 이러하다.

임금님의 어명이 적힌 글이 사신의 길을 나는 듯이 재촉하니
물시계의 물은 그릇에 가득한데 새벽빛이 저만치 열리는구나.
떠나가는 외로운 신하의 외롭게 다지는 뜻은
영약을 구하지 못하면 돌아오지 않으리라.

용왕이 자라의 글을 받아 보고 기뻐하는 빛이 얼굴에 환하게 피어나 더니, 크게 칭찬하여 말씀하시기를,
"그대의 붉은 충성이 글 속에 나타나 있으니, 간사한 토끼의 간을 얻어 돌아오는 것을 어찌 근심하겠는가."
하고, 자라의 글을 신하들에게 내주어 보라고 하자, 모든 신하들이 보고 큰 소리로 떠들면서 칭찬하였다.
자라는 왕께 하직 인사를 하고, 토끼 화상을 이리 접고 저리 접어 등에다 짊어지자 하니 물 속에 빠지기 십상이었다. 이윽히 생각하다가 오므렸던 목을 길게 늘여 한편에 접어 넣고 도로 옴츠리니 아무 염려 없었다. 집으로 돌아와 처자식과 이별하는데, 그의 아내가 눈물을 흘리면서 당부하는 말이,
"인간 세상은 위험스런 땅이니, 부디 조심하여 큰 공 세워서 무사히 돌아와 기꺼이 만나기를 천만축수하옵니다."
하자, 자라가 대답하기를,
"수명의 길고 짧음과 길흉 화복은 하늘에 달렸으니 마음대로 할 수

---

* 운(韻) 한시에서 시행의 끝부분에 들어가는 음조가 비슷한 한자.

없는 것이오. 다녀올 동안에 늙으신 부모와 어린 자식들을 보호하여 편안히 잘 있소."

하고 당부하고, 여행 준비를 한 다음, 끝없이 넓고 깊은 푸른 바다 위로 허위둥실 떠올라서 바람 부는 대로 물결 치는 대로 방향도 없이 흐르다가 엉금엉금 기어 올라가서 후미지고 으슥한 산 속으로 들어갔다.

때는 춘삼월 좋은 시절이었다. 풀과 나무와 뭇 생물들이 저마다 즐겁게 살고 있는데, 진달래꽃은 연분홍빛으로 활짝 피어 향기를 뿜고 있었고, 쌍쌍이 날아다니는 봄나비는 봄의 흥겨움을 참지 못하여 이리저리 훨훨 날아들고, 하늘하늘 춤추는 버드나무 가지는 시냇가에 휘늘어졌으며, 황금 같은 꾀꼬리는 고운 소리로 벗을 부르며 석 달 동안의 아름다운 봄빛 속에서 장난치며 즐기며, 꽃 속에 잠들어 있는 학은 짐승들의 바스락 소리에 때도 없이 날아오르고, 가지 위의 두견이는 '불여귀'라고 우는 소리에 화답하니, 속된 인간 세계와는 다른 경치 좋은 곳이었다.

소상강*으로 돌아가는 기러기는 간다고 하직 인사를 하고, 강남에서 떠난 제비는 왔노라고 몸을 드러낸다.

조팝나무에서는 피죽새가 울고, 함박꽃에는 뒤웅벌이 날아든다. 방울새는 방울방울, 물떼새는 찍걱찍걱, 접동새는 접동접동, 뻐꾹새는 뻐꾹뻐꾹, 까마귀는 골각골각, 비둘기는 꾹꾹 하고 슬피 우니, 그것인들 어찌 좋은 경치가 아닐쏘냐. 수많은 산과 골짜기에는 붉은 꽃이 찬란하고, 앞시내와 뒷시내는 흰 비단을 펼쳐 놓은 듯 눈부신데, 푸른 대나무와 소나무는 천 년이 가도록 변함 없는 절개요, 복숭아꽃 살구꽃은 흐드러지게 피어 있다.

기이한 바위들은 좌우에 겹겹으로 쌓였는데, 절벽 사이에 쏟아지는

✱ **소상강**(瀟湘江) 중국 호남성 동정호 남쪽에 있는 소수와 상수.

폭포수는 이 골물 저 골물을 합쳐서 와당탕 퉁탕 흘러가니, 경치가 한없이 좋구나.

자라가 산과 시내의 한없이 아름다운 경치를 사랑하고 푸른 시내를 따라 올라가면서 토끼의 자취를 살피는데, 한 곳을 바라보니 온갖 짐승들이 내려온다. 발발 떠는 다람쥐며 노루, 사슴, 이리, 승냥이, 곰, 돼지, 너구리, 고슴도치, 범, 사자, 원숭이, 코끼리, 여우, 담비 들이 좌우로 내려오는데 토끼는 보이지 않는다. 자라는 옴친 목을 길게 늘여 이리저리 살피더니, 뒤쪽에서 한 짐승이 내려오는데, 화본과 비슷하게 생겼다. 짐승 보고 그림 보니, 영락없는 네로구나.

자라는 혼자서 마음 속으로 기쁨을 못 이기어, 그것이 진짜인지 아닌지 알려고 할 때, 저 짐승의 거동 좀 보소. 혹은 풀잎도 뒤적이며 싸리순도 뜯어먹고, 층층으로 쌓인 바위의 벼랑 사이에서 이리 뛰고 저리 뛰며 뱅뱅 돌면서 할금할금, 강동강동 뛰놀거늘, 자라가 목소리를 가다듬어 점잖게 불러 말하기를,

"높이 솟은 봉우리와 험한 산마루에 용모와 풍채도 좋구나. 저 친구, 그대가 토 선생이 아니신가. 나는 본래 수중의 호걸이라, 인간 세상의 좋은 벗을 얻고자 널리 구하러 다니는 중인데, 오늘에야 산중의 호걸을 만났네그려. 이 마음의 기쁨이 그지없어 초청하는 바이니, 선생은 아무쪼록 허락함을 아끼지 마시오."

하니, 토끼는 저를 대접하여 초청한다는 말을 듣고, 가장 점잖은 체하면서 대답하였다.

"그 누가 나를 찾는고. 산이 높고 골이 깊어 경치 좋은 이 강산에 나를 찾는 이가 누구신고. 수양산의 백이숙제가 고사리 캐자고 나를 찾는가. 소부허유*가 영천* 맑은 물에 귀 씻자고 나를 찾는가. 부춘산

---

* 소부허유(巢父許由) 중국의 전설상의 인물.
* 영천(潁川) 중국 하남성에 있는 강.

의 엄자릉*이 밭을 갈자고 나를 찾는가. 먼 산의 불 탄 잔디에서 개자추가 나를 찾는가. 한천자*의 스승 장자방*이 퉁소 불자고 나를 찾는가. 상산사호* 벗님네가 바둑 두자고 나를 찾는가. 굴원*이 물에 빠져 건져 달라고 나를 찾는가. 시인 가운데 시인인 이태백이 글을 짓자고 나를 찾는가. 술의 덕을 칭송하는 시를 지은 유영*이 술을 먹자고 나를 찾는가. 주나라 성리학의 현인들이 풍월 짓자고 나를 찾는가. 석가여래, 아미타불이 설법하자고 나를 찾는가. 안기생* 적송자*가 약을 캐자고 나를 찾는가. 남양 초당 제갈량 선생이 해몽하자고 나를 찾는가. 한나라 종실 유황숙*이 모사 없어 나를 찾는가. 적벽강 소동파가 뱃놀이하자고 나를 찾는가. 취옹정 구양수가 잔치하자고 나를 찾는가."

또, 이어서 말하기를,

"그 뉘시오."

하고, 두 귀를 쫑긋거리며 네 발을 자주 놀려 가만히 와서 보니, 둥글넓적 검고 편편하므로 이상히 여겼다. 머뭇거릴 즈음에 자라가 연달아 가까이 오라고 부르기에 아무튼 그리하라고 대답하고, 곁에 가서 서로 절을 하고 자리를 잡고 앉은 다음, 손님을 대하는 첫인사로 당수복 백통대와 양초, 일초, 금광초와 금패, 밀화, 옥물부리는 다 제쳐두고, 생도토리에 싸리순을 재어 피움이 제격이었다.

---

* **엄자릉**(嚴子陵) 중국 후한 사람.
* **한천자**(漢天子) 한나라 고조인 유방을 이름.
* **장자방**(張子房) 중국 한나라의 공신인 장량.
* **상산사호**(商山四皓) 중국 진시황 때의 네 사람의 은자.
* **굴원**(屈原) 중국 전국 시대 초나라의 시인이자 정치가.
* **유영**(劉齡) 중국 서진의 사상가.
* **안기생**(安期生) 중국 진(秦)나라 때 장수를 누린 사람.
* **적송자**(赤松子) 중국 고대 신농 시절에 신선이 된 사람.
* **유황숙**(劉皇叔) 유비.

자라가 먼저 말을 꺼내기를,

"토공의 훌륭한 이름은 소문으로 들은 지 오래 되어서, 평생에 한 번 보기를 소원하였더니, 오늘에야 호걸을 만나는구려. 어찌 서로 만나기가 이다지도 늦었을꼬."

하자, 토끼가 대답하기를,

"내가 세상에 태어나서 온 세상을 두루 돌아다니면서 인물 구경도 많이 하였지만, 그대 같은 못생긴 인물은 보던 바 처음이네. 담구멍을 뚫다가 정강이뼈가 빠졌는지 발은 어찌 그리 몽똥하며, 양반보고 욕하다가 상투를 잡혔는지 목은 어찌 그리 길며, 기생방에 다니다가 한량패한테 밟혔는지 등은 어찌 그리 넓적한가. 사방으로 돌아보니 나무접시 모양이네. 그러나 성함은 뉘댁이라 하오. 방금 한 말은 다 농담이니 노엽게 듣지 마시게."

자라가 그 말을 듣고 마음에 불쾌하기 그지없으나 능쳐 참으며 대답하기를,

"내 성은 별이요, 호는 주부요. 등이 넓은 것은 물에 떠다녀도 가라앉지 않게 하기 위함이요, 발이 짧은 것은 육지를 걸어다녀도 넘어지지 않도록 하기 위함이며, 목이 긴 것은 먼 데를 살펴보기 위함이요, 몸이 둥근 것은 행세를 둥글게 하기 위함이네. 그러므로 나로 말하자면 물 속의 영웅이요, 물 속 동물들의 어른일세. 세상에 문무를 아울러 갖춘 것은 아마도 나뿐일까 하네."

토끼가 말하기를,

"내, 세상에 태어나 오랫동안 별의별 고생을 다 겪었으되, 그대 같은 호걸은 처음 보는구료."

자라가 말하기를,

"그대, 연세가 얼마나 되기에 그다지도 경력이 많다 하는가."

토끼가 말하기를,

"내 나이를 알아볼 것 같으면, 육갑이 몇 번 지났는지 모를 지경의 나이요. 소년 시절에 달나라에 가서 계수나무 밑에서 약방아를 찧고 있는데, 유궁 후예*의 부인이 불로초를 얻으러 왔기에 내가 얻어 줬으니, 이를 따져 본다면 삼천 갑자 동방삭도 나에게는 손아랫사람이요, 팽조*가 나이 많다 해도 내 나이에 비하면 입에서 아직 젖내가 날 정도지요. 이러하므로 그대에게 대면 나는 진실로 그대 아버지뻘보다도 더 되는 어른이 아니신가."

자라가 말하기를,

"그대의 말인즉 이른바 스스로 천자라고 일컫는 것과 같군. 아무튼 내가 겪어 온 일을 대강 말할 것이니 들어 보게. 모르면 몰라도, 아마 틀림없이 놀라 나자빠질 것이네. 반고씨* 생일날에 진수성찬을 높이 차려 올린 일을 내가 했으며, 천황씨가 황제 자리에 오를 때 술안주로 어물상을 내가 차려 올렸다네. 지황씨의 화덕왕과 인황 씨가 온 세상을 아홉 주로 나누어 다스리던 그 일도 어제 일처럼 기억하네그려. 이런 일로 헤아려 보면 나는 그대에게 몇백 갑절 웃어른이 아니신가. 그러나저러나 재담은 그만두고 세상 재미나 얘기해 보세."

토끼가 말하기를,

"인간 세상의 재미를 말할 것 같으면, 그대는 그 짜릿한 재미에 오줌을 줄줄 쌀 것이니, 저 동글납작한 몸이 오줌에 빠져서 뱃놀이하다가 헤어나지 못할 테니, 불쌍하지 않은가."

자라가 말하기를,

"헛된 자랑만 말고 아무렇게나 대강 말해 보게."

토끼가 말하기를,

---

* 유궁 후예 요임금의 신하이자 하나라의 임금.
* 팽조(彭祖) 중국 고대의 전설에 8백 년을 살았다는 선인.
* 반고씨(班固氏) 중국 후한 초기의 역사가·문학자.

"깊은 산 속 경치 좋은 곳에 이르면 산봉우리가 칼날같이 하늘에 꽂혀 있는데 산을 등진 물가에는, 앞에는 봄비가 사방 연못에 가득 차 있고, 뒤에는 여름 한나절의 구름이 기이한 봉우리에 뭉게뭉게 피어 오른다네. 명당에 집터 닦아 초당 한 칸을 지어 내니, 반칸은 청풍이요, 반칸은 명월이라. 흙섬돌에 대사립은 맑고 깨끗하기 그지없는데, 학은 울고 봉은 나는도다. 뒷산에서는 약을 캐고, 앞내에서는 고기를 낚아 입에 맞고 배부르니, 그 아니 즐겁지 않을쏜가. 청산에 밝은 달은 적막 강산에 고요한데, 깊은 골짜기와 수많은 봉우리 속에서 홀로 문을 닫았도다. 한가한 구름이 그림자를 희롱하니, 속세와는 아주 다른 아름다운 세계로다. 몸이 구름과 같아 세상의 시비를 가릴 것이 없으니, 그 누가 내 자취를 알아볼 수 있겠는가. 추위가 지나가고 더위 돌아오면, 사시사철을 짐작하고, 날이 가고 달이 오니 세월이 흐르는 것을 나는 알지 못하네. 푸른 물과 푸른 산의 깊은 곳에는 온갖 꽃이 활짝 피어 있고, 향기로운 풀이 우거져 있으며, 난조와 봉황과 공작새는 서로 부르고 화답하니, 이 봉우리 저 봉우리에서 풍악 소리가 울려 나오고, 앵무새와 두견새와 꾀꼬리가 곱게 울어 지저귀니, 이 골 저 골에서 노랫소리 드높구나. 석양에 취한 흥 아직 반쯤 남았는데 강산의 풍경 구경하면서 곤륜산의 맨 꼭대기 봉우리에 올라가 흰구름을 쓸어 내고 땅의 형세를 굽어보니, 태산은 청룡, 화산은 백호로구나. 상산은 현무 되고, 형산은 주작이라. 소상강과 팽려택으로 못을 삼고, 황하수와 양자강으로 띠를 삼아 적벽강의 한없이 아름다운 경치를 풍월로 노래하고, 아미산의 반달빛을 취흥에 희롱하여 삼신산 불로초를 마음대로 뜯어먹고, 동정호에서 목욕하다가 산 속으로 돌아오니, 층층으로 쌓여 있는 바위는 집이 되고, 지는 꽃잎 자리 삼아 한가로이 누웠구나, 수풀 사이의 밝은 달은 은근한 친구 같고, 소나무에 이는 바람 소리는 은은한 거문고라. 돌베개를 돋우어 베고 취흥에 잠이 드니, 어디서 학 우는소리가 잠든 나를 깨우는구나. 이윽고 일어나 명아줏대 지팡이를 의지하고 이리저리 돌길을 배회하니, 흰구름은 천리만리 피어 있고, 밝은 달은 앞내 뒷내에 비쳐 있더라. 산이 첩첩하니 삼신산은 하늘 밖에 떨어져 있고, 물이 잔잔하니 앞뒤 흐르는 두 갈래 물줄기는 백로주에 갈렸구나. 매우 화락한 이내 몸을 산수간에 두었으니, 무한한 경치는 정승을 준다고 바꿀 것인가. 동쪽 둔덕에 올라서서 휘파람을 부니 한가롭기 그지없고, 앞시내 굽어 보며 짓는 글 흥미롭기 한량없구나. 오동밭의 밝은 달은 가슴에 비치고, 버들가지의 맑은 바람은 얼굴에 불어온다. 청풍명월이 어찌 내 벗이 아니겠는가. 병 없는 이내 몸이 아름답고 넓은 세상에서 한가로운 백성이 되었으니, 이는 참으로 평지에 있는 신선이라. 강산의 풍경을 마음대로 희롱한들 그 누가 시비하랴. 배꽃, 복숭아꽃이 만발하고 푸른 버들이 드리워 있는데, 동서남북 미인들은 시냇가에 늘어 앉아 섬섬옥수 넌지시 들어 한가로이 빨래할 때, 물 한 줌 덤벅 쥐어다가 연적 같은 젖퉁이를 슬근슬근 씻는 모습은 요지연과 영락없고, 오월이라 단옷날에 녹음방초 우거진 곳에서 색색으로 곱게 차려입은 미인들이 버들가지에 그네를 매고 짝을 지어 그네 타는 모습은 광한루가 분명하다. 풍류 호걸인 이내 몸이 저러한 절대 가인을 구경하니, 아마도 세상 재미를 보는 이는 나뿐인가 생각한다."

자라가 말하기를,

"허허, 우습도다. 그대의 말은 헛된 과장이라서 누가 곧이들으리요. 내, 그대의 신세를 생각컨대 여덟 가지 어려움이 있으니, 두 귀를 기울여 자세히 들어 보게. 동지섣달 엄동설한에 백설은 흩날리고, 층암절벽은 빙판이 되어 모든 골짜기와 봉우리가 막혔으니, 어디 가서 접촉할까, 이것이 첫째 어려움이오. 북풍이 휘몰아쳐 살을 에는 듯이 추운데, 돌구멍의 찬 자리에 먹을 것이 전혀 없어 콧구멍을 핥을 적에 몸에서 오한이 일어나 덜덜 떨리고, 사지가 곧아져서 팔자 타령이 절로 나니, 이것이 둘째로 어려움이오. 봄바람이 화창한데 맛없는 꽃송이나 풀잎새나 뜯어먹자고 산간으로 들어가니, 뜻밖에도 저 독수리가 두 날갯죽지를 옆에 끼고 살대같이 달려들어 제 두 눈에서 불이 나고, 작은 몸이 송그라져 바위틈으로 기어들 제, 혼비백산 가련하니, 이것이 셋째로 어려움이오. 오뉴월 삼복 중에 산과 들에 불이 나고 시냇물이 끓을 적에, 살에서는 기름나고 털끝마다 누린내라. 짧은 혀를 길게 빼고 급한 숨을 헐떡이면서 샘가로 달려가니, 그 정상이 오죽한가. 이것이 넷째로 어려움이오. 단풍이 붉어지고 산국이 만발한데 과실이나 얻어먹자고 조용한 곳을 찾아가니, 매를 받은 매사냥꾼은 높은 봉우리에 앉아 있고, 근력 좋은 모리꾼과 냄새 잘 맡는 사냥개는 그대의 자취를 밟아 올 제, 발톱 몽그라지며 진땀이 바짝 나서 천방지방 달아나니, 이것이 다섯째로 어려움이오. 다행히 목숨을 도망하여 죽을 고비를 벗어나니, 총 잘 쏘는 사냥 포수가 일자총*을 둘러메고 이목 저목 질러 앉아 잔 쇠총알을 재어서 염통 줄기를 겨냥하고 방아쇠를 당길 적에 꼬리를 살에 끼고 간장이 말라지며 간신히 도망하여 숨을 곳을 찾아가니, 죽을 뻔한 것은 그대 아니던가. 이것이 여섯째로 어려움이오. 알뜰한 고생 끝에 산림으로 달려드니, 얼숭덜숭 천 근 되는 큰 호랑이가 철사 같은 모진 수염 위엄 있게 거스르고 웅그리고 가는 거동을 보면 그건 정말 무섭도다. 소리는 우레 같고, 대가리는 큰 산덩이만한데, 허리는 반달 같고 터럭은 불빛이라. 칼 같은 꼬리를 이리저리 내두르며 주홍 같은 입을 열고 써레 같은 이빨을 딱딱거리며 번개같이 날랜 몸을 동서남북 번득이어 좌우로 충돌하여 이 골 저 골 두루 돌아다니면서 돌도 툭툭 받아 보며, 나무

---

* 일자총(一字銃) 한 방으로 바로 맞히는 좋은 총.

도 뚝뚝 꺾어 보니, 위풍이 늠름하고 풍채도 씩씩하여 당당한 산의 임금이라. 제 용맹을 버럭 써서 횃불 같은 두 눈깔을 번개같이 휘두르며 톱날 같은 앞발톱을 앙버티고 숨을 한 번씩 쉬면 수목이 왔다 갔다하고, 소리를 한 번 어흥 지르면 산악이 움직일 것만 같을 때, 천지가 캄캄하고 정신이 아뜩하니, 이것이 일곱째로 어려움이오. 죽을 것을 겨우 면하고 남은 목숨을 보전하여 평원이나 광야를 내달으니, 나무 베는 초동이며 소 먹이는 아이들이 창과 몽둥이를 둘러 메고 그대를 잡자고 달려드니, 목구멍의 침이 말라 무작정 아무 데로나 달아나니, 이것이 여덟째로 어려움이오. 그대, 이렇듯 곤궁할 제 무슨 경황에 산천 경개를 구경하며, 어느 여가에 삼신산의 불로초를 먹고 동정호에서 목욕할꼬. 그나마 다른 고생도 그지없었음을 내가 가히 짐작하노니, 그대가 듣기에 좋지 못한 말은 구태여 다하지 않는구나."

토끼가 듣기를 다한 후에 할 말이 없어, 하는 말이,

"남의 단점을 너무 말하지 마소. 듣는 이도 소견은 있소. 만고의 위대한 성인이신 공자도 진(陳)과 채(蔡) 사이에서 흉악범으로 오해받아 봉변을 당하셨고, 천하 장사 초패왕도 큰 못 속에 빠졌으니, 화와 복이 하늘에 매여 있고 빈궁과 영달이 운명에 달려 있어, 힘과 지혜로 못 할 것이니, 말한댔자 아무 이익이 없거니와, 그대의 수궁(水宮) 재미는 과연 어떠한가. 한번 듣고자 하네."

자라가 목청을 가다듬어 말하기를,

"우리 수궁 이야기 들어 보소. 오색 구름이 깊은 곳에 구슬로 지은 궁전과 조가비로 꾸민 대궐의 높은 집이 하늘에 솟아 있는데, 백옥으로 층계를 만들고 호박으로 주춧돌을 만들었으며, 산호 기둥에 대모 난간이 둘러 있고, 황금 기와로 지붕을 이고, 유리창과 수정렴에 야광주로 된 초롱을 달았고, 칠보를 방마다 깔았으니, 그 광채는 햇빛을 가리고, 상서로운 기운이 공중에 서렸기에 날마다 잔치하고 잔치마다 풍류로세. 부용 같은 미녀들이 쌍쌍이 춤을 추며, 포도주와 벽통주와 천일주는 가마우지 모양의 술구기로 앵무새 부리 모양의 자개 술잔에 가득 부어 담고, 호박 쟁반과 유리상에 금광초, 진수성찬, 불사약을 소복소복 담다가 앞앞이 권할 적에 정신이 상쾌하고 맑아져, 심신이 황홀해진다. 아미산의 반달과 적벽강의 한없이 아름다운 경치, 방장·봉래·영주산을 역력히 구경한 뒤 뱃놀이하고 돌아올 때, 채석강*, 소상강·동정호·팽려택을 마음대로 오고가니, 흰 이슬은 강 위에 비껴 있고, 물빛은 하늘에 맞닿아 있구나. 지는 놀은 따오기와 함께 날고, 가을 물은 긴 하늘과 한빛인데, 오나라와 초나라는 동남으로 터져 있고, 하늘과 땅은 밤낮으로 떠 있구나. 모래펄에 기러기 내려앉고, 흰 갈매기는 잠이 들 때라. 구슬픈 퉁소 소리에 어부사*로 화답하니, 깊은 구렁 속에 잠겨 있는 교룡이 춤을 추고, 외로운 배에 있는 과부는 울음을 우는도다. 달이 밝고 별은 드문드문한데, 까막까치는 남쪽으로 날아간다. 이 때에 순임금의 아황*과 여영*의 비파 소리는 울적함을 풀어 주고, 강 건너에서 장사하는 계집아이의 부르는 후정화*는 이내 회포를 자아낸다. 밤중에 은은한 쇠북 소리, 한산사*가 어디인가. 바람결에 역력한 방망이 소리는 강촌이 저기로다. 초강(草江)에서 고기 잡는 어부들은 애내곡*으로 화답하고, 금못과 옥섬에서 연을 캐는 계집들은 상사곡을 노래하니, 그 흥미가 어떠하리. 아마도 별천지는 수궁뿐이로구나."

＊ 채석강(採石江) 중국 안휘성 동부에 있는 강.
＊ 어부사(漁父辭) 중국 전국 시대 초나라의 시인·정치가.
＊ 아황(娥皇) 요임금의 딸이자 순임금의 아내.
＊ 여영(女英) 요임금의 둘째 딸이자 순임금의 아내.
＊ 후정화(後庭花) 중국 진(陳)나라의 진후주(陳後主)가 지은 악곡 이름.
＊ 한산사(寒山寺) 중국 강소성 소주시의 교외에 있는 절.
＊ 애내곡 뱃사공이 노를 저을 때 지르는 맞춤 소리.

토끼가 적이 의심하여 말하기를,

"그대는 진실로 복이 많은 친구로다. 나는 본디 팔자가 기박하여 속세를 떠나 사는 선비여서 산간에 묻혀 있으니, 부질없이 남의 호강을 부러워할 바 아니구나."

자라가 말하기를,

"나는 친구를 위하여 좋은 도리를 권하려고 하는 것뿐이니, 그대는 조금도 이상하게 생각지 말라. 옛글에 씌어 있기를, '위태한 방위에 들지 말고, 어지러운 나라에서 살지 말라.' 하였다네. 그대는 어찌하여 이처럼 어수선하고 소란한 세상에서 살고 있는가. 이제 나를 만난 것도 또한 우연한 일이 아니니, 그대가 만일 이 어지러운 세상을 하직하고 나를 따라 수궁에 들어간다면, 신선의 세계에서 살면서 천도, 반도, 불사약과 천일주, 홍감로를 날마다 취하도록 마실 수 있을 것이네. 또한 아리따운 선녀를 벗을 삼아 매일같이 잔치하니 이보다 좋은 세상이 어디 있겠는가? 이처럼 태평한 세상에서 노닐 적에 세상의 부귀 공명은 꿈 속에 부쳐 두고 조금이나 생각할까."

토끼가 그 말을 듣고 수상히 여겨 고개를 흔들면서 말하기를,

"비록 그대의 말은 좋기는 하나, 아마도 위태하도다. 속담에 이르기를, '팔자 도망은 독 안에 들어도 못 한다.' 하였으니, 육지에서 살던 자가 공연히 수궁에 들어가겠는가. 수궁 고생이 육지 고생보다 더하지 말라는 데가 어디 있으며, 첫째 호흡을 통치 못할 터이니, 세상 만물이 숨 못 쉬고 어떻게 살며, 또 사지는 멀쩡하여도 헤엄칠 줄을 모르니, 멀고 먼 푸른 바다의 깊은 물을 무슨 수로 건널 것인가. 팔자에 없는 남의 호강을 부질없이 욕심 내어 이 세상을 하직하고, 그대 따라 수궁에 들어갔다가는 필연코 칠성 구멍에 물이 들어가 할 수 없이 죽을 터이니, 이내 목숨 속절없이 고깃배에 장사하면 임자 없는 내 혼백이 푸른 물결 속에 외로운 혼이 되어 어화(漁火)로 벗을 삼고, 굴

삼려*로 짝을 지어 속절없이 되어 버릴 테니 일가 친척 자손 중에 그 누가 나를 찾을 것인가. 천만 가지로 생각하여도 십중팔구는 위태하구나."

자라가 웃으면서 말하기를,

"그대가 고루하기 짝이 없도다. 한 가지만 알고 두 가지는 모르는구나. 옛글에, '긴 강을 한 낱 갈대로 건너라.' 하였은즉, 조주 땅의 선비 여선문*은 광묘궁에 들어가 상량문을 지었으며, 천하에 글 잘 짓는 이태백은 고래를 타고 달을 건지러 들어갔으며, 삼장 법사는 약수 삼천리를 건너가 대장경을 내어 왔네. 한나라 사신 장건은 떼를 타고 은하수에 올라가서 직녀의 지기석*을 주워 왔으며, 서방 세계 아난존자*는 연잎에 거북을 타고 만경창파를 마음대로 헤엄쳤으니, 저의 목숨이 하늘에 달렸거든 공연히 죽을 것인가. 대장부로 태어나서 이토록 가냘프고 나약할까. 무릇 군자는 사람을 몹쓸 곳에 천거하지 않느니, 어찌 그대를 몹쓸 곳에 가자고 권하겠는가."

토끼가 말하기를,

"나는 본디 산중에 깊이 있어 붕우를 널리 사귀지 못했고, 또 편안히 살 곳을 찾아 떠나고 싶은 생각이 없지 않았으니, 이제 그대는 밝은 가르침을 주는 게 어떠한가."

자라가 이 말을 듣고 마음 속으로 은근히 기뻐하되, 이 놈이 내 꾀 속으로 십분의 이는 빠져들었구나 하고 생각하고, 또 말하기를,

"내, 그대의 생김새를 보니, 털빛이 누릇누릇 해뜩해뜩하여 금빛을 띠었으니, 이른바 금생여수(金生麗水)라, 금은 여수에서 난다는 말이니, 물과는 상생이 되어 조금도 염려할 것이 없도다. 목이 길게 빼어

---

* 굴삼려(屈三閭) 굴원이 삼려대부(三閭大夫) 벼슬을 했으므로 일컫는 말.
* 여선문 송나라의 상량문을 잘 짓는 인물.
* 지기석(支機石) 직녀가 베틀이 움직이지 않도록 받쳤다고 하는 돌.
* 아난존자(阿難尊者) '아난다'를 높여 이르는 말. 아난다는 석가의 십 대 제자 중 한 사람임.

있으니, 고향을 바라보고 타향살이할 기상이며, 광대뼈 아래쪽이 뾰족하니 위로 구하면 역리가 되어 매사가 극히 어려워지되, 아래로 구하면 순리가 되어 만사가 크게 길할 것이다. 두 귀가 희고 준수하니, 남의 말을 잘 들어 부귀를 누릴 것이요, 미간이 탁 틔어 화려하니 용문에 올라 이름을 빛낼 것이로다. 음성이 화평하니 평생에 험한 일이 없을 것이다. 그대 모습 됨됨이의 품격이 이와 같이 격을 고루 갖추었으니, 앞으로 부귀영화가 무궁하여, 향락으로는 당나라 현종의 양귀비며, 한무제의 승로반이요, 팔자로는 수많은 자손을 둔 곽자의*요, 부자로는 석숭*이요, 풍악으로는 요임금의 대황곡과 순임금의 봉조곡과 장자방의 옥퉁소가 저절로 흐르고, 아무 때나 사마상여*의 거문고에 탁문군*이 담을 넘어올 것이로다. 한편 농락하는 수단으로 말할 양이면, 언변에는 육국을 종횡하던 소진, 장의에게 뒤질 것이 조금도 없고, 경륜에는 팔진도*로 지휘하던 제갈량이 바로 적수임에 지나지 못할 것이니, 이러한 기골 풍채와 경영하는 배포는 천고에 으뜸이요, 당시의 온 천하를 다스릴 만한 독보적인 영웅 호걸이라. 그대에게는 팔팔 뛰는 버릇이 있으므로, 이 육지에만 묻혀 있어서는 앞에서 말한 여러 가지 복락을 결단코 골고루 누리지 못하고, 도리어 전날과 같이 곤궁한 재앙만 올 것이요, 이 육지를 떠나야만 만사가 뜻대로 될 것이다."

토끼가 말하기를,

"나의 기상도 출중하거니와, 그대의 관상법도 신통하도다. 내가 그

---

* 곽자의 중국 당나라의 무장.
* 석숭(石崇) 중국 진(陳)나라의 부호·문장가.
* 사마상여(司馬相如) 중국 전한의 문인.
* 탁문군(卓文君) 중국 한나라 때, 사마상여의 거문고 솜씨에 반해서 밤중에 그의 집으로 가서 그의 아내가 되었음.
* 팔진도(八陣圖) 종군을 가운데 두고 여덟 가지 모양으로 진을 친 진법의 그림.

대를 보니, 정녕 평범한 인물은 아니로다. 도량이 넓고 선심이 거룩하여 그 됨됨이가 너그러우니, 평생에 남을 속일 것인가. 나 같은 덧없는 인생을 좋은 곳에 천거하니 감격하기 한량없으나, 내가 수궁에 들어간다 한들 벼슬하기가 쉬울 것인가."

자라가 이 말을 듣고 웃으면서 생각하기를,

'요놈, 이제는 내 꾀에 빠져들었구나.'

하고, 흔연히 대답하여 말하기를,

"그대가 오히려 경력이 적어서 하는 말이로세. 역산에서 밭을 가시던 순임금도 요임금의 천자 자리를 받으셨고, 위수에서 고기 낚던 강태공도 주나라 문왕의 스승이 되었으며, 유신이라는 들에서 밭을 갈던 이윤도 탕왕의 재상이 되었고, 부암에서 담을 쌓던 부열이도 은나라 고종의 재상이 되었으며, 소 먹이던 백리해도 진나라 목공의 정승이 되었고, 빨래하는 늙은 여자한테 밥을 빌어먹던 한신도 한나라 태조의 대장이 되었으니, 수궁이나 인간 세상이나 출세하기는 마찬가지로다. 이러므로 밝은 임금은 신하를 가려 쓰고, 어진 신하는 임금을 가려 섬기느니, 우리 대왕께서는 문무를 아울러 갖추시어 어진 선비를 널리 구하시므로, 한 가지 능력과 한 가지 재주가 있는 자라도 모두 높이 쓰신다네. 이러하기로 나 같은 재주 없는 인물로도 벼슬이 외람되게 주부에 이르렀거든, 하물며 그대같이 널리 알려진 자질과 뛰어난 문필이야 가기만 하면 공명을 구하지 않아도 부귀가 스스로 이루어질 것이다. 지금, 수궁에서 역사책을 엮지 못하여 태사관*이 될 인재를 구하되, 마땅한 인물이 없어서 근심한 지 오래 되었으니, 그대의 문필이 이 소임에 아주 적당하도다. 그대가 만일 중서령의 옛 붓대를 잡아 진나라의 역사를 기록하던 동호*의 의리를 밝힌다면,

---

* 태사관(太史官) 역사를 기록하는 관리.
* 동호(董狐) 중국 춘추 시대 진(晉)나라의 역사를 기록하던 벼슬아치.

비단 우리 수궁의 다행일 뿐만 아니라, 그대의 높은 이름이 온 세상에 진동할 것이니, 어찌 아름답지 않겠는가. 내 그대와 함께 들어가면 곧장 우리 대왕께 그대를 추천하겠네."

토끼가 웃으면서 말하기를,

"그대의 말이 그럴듯하나, 어젯밤의 내 꿈이 불길하여 마음에 적이 꺼림칙하네그려."

자라가 말하기를,

"내가 젊어서 약간 해몽법을 배웠으니, 어디 그대의 꿈을 들어보세."

토끼가 말하기를,

"칼을 빼어 배에 대고 몸에 피칠을 하는 꿈을 꾸었으니, 아마도 좋지 못한 일을 당할까 염려가 되네."

자라가 책망하여 말하기를,

"너무 길한 꿈을 가지고 공연히 걱정하는군. 배에 칼을 댔으니, 칼은 금이나 금띠를 띨 것이요, 몸에 피칠을 하였으니, 홍포*를 입을 징조로군. 명망이 온 나라에 무거우며, 명성이 팔방에 떨칠 것이니, 이 어찌 공명을 얻을 길한 꿈이 아니며, 부귀를 누릴 큰 꿈이 아니겠는가. 공자가 주공*을 본 것은 성인의 꿈이요, 장주*가 나비가 된 꿈은 달관의 꿈이요, 제갈 공명의 초당 꿈은 선각의 꿈이요, 그 밖에 누구누구의 보통 꿈이란 것은 꿈이라고 할 것도 없는 것이어서 모두가 헛된 꿈이로되, 오직 그대의 꿈은 꿈 중에서도 가장 좋은 꿈이니, 그대 수궁에 들어가면 만인의 머리 위에 있을 것이니 그 어찌 좋지 않을 것인가."

토끼가 점점 곧이듣고 조금씩 조금씩 다가들면서, 대장이나 재상의

* 홍포(紅袍) 높은 벼슬아치가 입던 공복.
* 주공(周公) 중국 주나라의 정치가.
* 장주(莊周) 중국 전국 시대의 사상가인 장자.

인끈*을 지금 당장 차기라도 하는 듯이 희색이 만면하여 말하기를,

"그대의 해몽하는 법은 참으로 귀신이로다. 소강절 이순풍이 다시 살아온들 어찌 이에서 더할 것인가. 아름다운 꿈의 징조가 이미 나타났으니, 내 부귀는 갈데없거니와, 그러나 만경창파를 어떻게 건너갈 것인가."

자라가 크게 기뻐하면서 말하기를,

"그대는 조금도 염려 말라. 내 등에만 오르면 어떤 풍랑이라도 배가 부서질 염려가 없고, 순식간에 도달할 터이니 무엇을 근심하는가."

토끼는 마음 속으로 기뻐하면서도 짐짓 체면을 차리느라고 말하기를,

"그대가 친구를 위하여 이렇듯 수고를 아끼지 않으니, 이는 친구를 사귀는 마땅한 도리이나, 그렇다고 내가 그대의 등에 오름이 어찌 마음에 미안치 않겠는가."

자라가 크게 웃고 말하기를,

"그대가 오히려 고지식하여 융통성이 없네. 위수에서 낚시질하던 강태공은 주나라 문왕과 수레를 함께 탔고, 이문에서 문을 지키던 투영이는 신릉군의 윗자리에 앉았네. 그러니 옛 친구를 위하는 자리에 높고 낮음과 귀하고 천함이 무슨 상관이 있겠는가. 우리가 이제는 함께 들어가면 일생 동안 영욕과 백년고락을 같이할 것이니, 무슨 미안함이 있겠는가."

토끼가 대단히 기뻐하면서 말하기를,

"그대의 높은 은혜는 진실로 백골난망이로세. 내가 이 세상을 살아가는데, 못 당할 일이 한두 가지가 아닌 중에서도 저 몹쓸 사람들이 일자총을 둘러메고 암상스러이 보챌 적에는 송편으로 목을 따고, 접싯

---

* 인끈 병권을 가진 벼슬아치가 병부 주머니를 매달아 차던 길고 넓적한 녹비 끈.

물에 빠져죽고 싶은 때가 한두 번이 아니었네. 나의 큰 아들놈은 나무하는 아이에게 아무 죄도 없이 잡혀 가서 구멍밥을 먹으면서 갇힌 지가 이미 칠팔 년이지만 풀려날 가망이 없고, 둘째 아들놈만 해도 사냥개에게 물려 가서 까막까치 밥이 된 지 이미 여러 해나 되었네. 그 일을 생각하면 이를 갈고 속을 썩여 어찌하면 이 원수 같은 세상을 떠날꼬 밤낮으로 생각하던 판에 천만 뜻밖에도 그대 같은 군자를 만나 밝은 세상을 보게 되니, 이는 하늘이 도와 주고 귀신이 도우심이라. 성인을 알아야 능히 성인을 안다 하더니, 나 같은 영웅이 그대가 아니었던들 헛되이 산중에서 늙을 뻔하였고, 내가 아니었다면 수중의 백성들이 어진 관원을 만나지 못할 뻔하였네그려."

하고 의기 양양하여 자라의 등에 오르려 할 즈음에, 문득 바위 밑에서 한 짐승이 내달아 토끼를 불러 말하기를,

"내, 너희들의 수작하는 소리를 처음부터 대강 들었다. 이 어리석은 토끼야, 내 말을 자세히 들어 봐라. 무릇 부귀공명이란, 뜬구름과 같은 것이요, 또 타고난 팔자가 있는 법이다. 네, 이제 허탄한 자라의 말을 듣고 죽을 땅에 가려고 하니, 어찌 가련하지 않은가. 그리고 속담에 이르기를, 고향을 떠나면 천해진다 하였거늘, 고향을 떠나 타관에 가면 천대받는 게 십상인데, 네 설혹 수궁에 들어간다고 하루 아침에 부귀영화를 얻을 수 있을 것 같으냐. 너는 허욕도 갖지 말고 망상도 하지 말고, 나의 충고를 들어라."

하거늘, 토끼가 그 말을 듣고 두 귀를 쫑긋하며 발을 멈추고 망설이는 빛이 얼굴에 역력했다.

자라가 그 말을 하는 짐승을 바라보니 너구리였다. 크게 성을 내어 생각하기를,

'내, 이놈을 온갖 꾀로 달래어 거의 가게 되었는데, 저 원수놈이 무슨 일로 이렇듯 훼방을 놓는가. 그러나 내가 만일 조금이라도 어떤 기색

을 얼굴에 나타내면 간사한 토끼놈이 의심할 것이니, 내가 먼저 저놈의 말을 타박하여 토끼로 하여금 스스로 깨닫게 해야겠다.'

하고, 이어서 웃으면서 너구리를 가리켜 말하기를,

"그대는 누구인지 모르거니와, 어찌 그리 무식한고. 조주의 선비 여선문은 한낱 가난한 사람이었지만, 우리 수궁에 들어와서 수궁전의 상량문을 지었기 때문에 우리 대왕께서 야광주 열 개와 무소의 뿔 한 쌍으로 글을 다듬은 수고료로 삼았느니라. 이 소문이 세상에 전해져서 모르는 사람이 없는데, 그대는 귀가 있어도 듣지 못하였는가. 더구나 태사관은 국가의 소중한 벼슬이라. 내가 토 선생의 문장과 필법을 아끼어 함께 가자고 한 것인데, 그대는 공연히 남을 의심하여 마치 친구를 죽을 땅으로 인도하는 것처럼 여기니, 무슨 도리가 이러한가. 나 또한 남의 의심을 입어 가면서까지 구태여 토 선생과 동행하기를 원하는 바도 아니네."

하고, 다시 토끼를 돌아보고 말하기를,

"내가 그대와 더불어 지난날에 조금도 꺼려할 것이 없는 터인데, 어찌 그대에게 털끝만큼이라도 해가 될 일을 권할 것인가. 그대는 나와 불과 하루 아침의 사귐이 있을 뿐이니, 그대는 어찌 옛 친구의 충고를 저버릴 수 있겠는가. 나는 본디 우리 대왕의 어명을 받고 동해에 사신으로 갔다 오는 길일세. 오래 머물 수도 없으니, 이제는 고별해야겠네. 그대는 부디 몸을 길이 보중하시게."

하고, 소매를 떨치고 물가로 내려가니, 너구리는 무안하여 얼굴을 붉히면서 한 마디도 못 하고 한편으로 비켜섰다.

토끼는 자라가 너구리를 꾸짖고 쌀쌀하게 떨쳐 돌아가는 것을 보고, 크게 노하여 너구리를 꾸짖어 말하기를,

"네, 무슨 일로 남의 앞길을 망치느냐."

하고 너구리를 꾸짖으며 한편으로는 급히 자라를 뒤쫓아가면서 크게

소리를 질러 말하기를,

"별주부야! 그대는 거기 잠깐 머물러 내 말을 듣고 가라."

하니, 자라는 짐짓 두어 걸음 더 가다가 비로소 돌아보고 말하기를,

"그대는 무슨 일로 나를 쫓아오느냐."

토끼가 말하기를,

"그대는 어찌 그다지 도량이 넓지 못한가. 내가 아무리 어리석으나 저 무식한 자의 부질없는 말을 어찌 곧이들을 것이며, 또 그대의 나를 사랑하는 정을 깊이 알지 못하겠는가. 그대는 행여 나의 잠깐 멈칫거림을 어찌 생각하지 말고 바삐 가기나 하세그려."

하였다.

자라는 마음 속으로 크게 기뻐하면서, 토끼를 데리고 물가로 나아가 등에 업고는 푸른 바다 속으로 뛰어들어 남해를 바라보며 돌아오니, 무

롯 자라의 충성이 지극함을 신명이 굽어 살피시어 저 간사한 토끼를 주
신 것이니, 어찌 기이한 일이 아니겠는가.

　이 때, 토끼는 자라의 등에 높이 앉아 사면을 돌아보니, 소상강 깊은
물은 눈앞에 고요하고, 동정호의 너른 빛은 그 가를 알 수 없었다. 마음
속으로 생각하기를,

　　'내가 천우신조로 자라를 만나 세상 풍진과 산중 고초를 다 벗어 버
　　리고 수궁에 들어가 부귀를 누릴 것이니, 어찌 즐겁지 않겠는가.'

하며, 의기 양양해하더니, 이에 한 곡조의 노래를 부르니 그 내용인즉,

　　번거로운 속세를 하직하고 길이 떠남이여,
　　물나라가 푸른 산보다 크기도 하도다.
　　자라 등에 올라타고 떠나감이여,

흰구름의 오고감을 비웃는도다.
내 이제 사기(史記)의 붓대를 잡음이여,
삼천 수족이 무릎을 꿇리로다.
부귀에 맑고 한가함을 겸함이여,
백 년의 평안을 기약함이로다.

토끼는 노래를 마치고 크게 웃자, 자라가 한편으로는 웃으면서 생각하기를,
　'이놈이 너무도 교만한 놈이로나.'
하고, 또한 노래로 화답하니 그 내용인즉,

한 조각 붉은 마음 품었음이여,
얼마나 분주히 청산을 떠다녔던고.
이 몸이 수고를 아끼지 않음이여,
푸른 물결을 박차고 갔다가 돌아오는도다.
간사한 토끼를 얻어 공을 이룸이여,
용안의 기쁜 빛을 뵈오리로다.
우리 대왕의 병환이 쾌차하심이여,
종묘 사직의 평안함을 하례하리로다.

토끼는 자라의 노래를 듣다가, 마음 속에 크게 의혹이 일어나 자라보고 묻기를,
　"그대의 노래 속에 무슨 깊은 뜻이 있는 것 같으니, 그 어찌 된 곡절인가."
　자라가 말하기를,
　"내가 우연히 부른 것인데, 무슨 뜻이 있겠는가."

토끼는 그래도 의혹이 풀리지 않아서 말하기를,

"간사한 토끼를 얻어 공을 이루었다 함과 우리 대왕의 병환이 쾌차하다 함은 무슨 말인가."

자라가 토끼의 말을 듣고 마음 속으로 생각하기를,

'네, 이미 여기에 이르렀으니, 비록 나를 의심할지라도 아무 도움이 되지 못 할 것이다.'

하고 생각하고, 그 말에는 대답도 않고 바삐 행하여 순식간에 남해 수궁에 당도하여, 토끼를 내려놓으면서 말하기를,

"그대는 부질없이 나를 의심치 말고 빨리 숙소로 가세."

하였다.

토끼가 눈을 들어 살펴보니, 천지가 한없이 드넓고, 해와 달이 밝은데, 구슬 궁전과 조개 궁궐이 하늘 가운데 솟아 있고, 문과 창에 상서로운 기운이 어려 있었다.

토끼는 한편으로는 기꺼운 마음이 다시 일어나 자라를 따라 숙소에 가자, 자라가 토끼더러 말하기를,

"그대는 잠깐 여기 머물러 있게. 내가 입궐하여 우리 대왕께 그대와 같이 왔음을 아뢰겠네."

하고 총총히 나갔다.

토끼는 그 거동을 보고 마음 속으로 다시 의심하기를,

'제가 나를 우선 제 집으로 인도하여, 멀리서 왔으니 술이나 한 잔 대접하지 않고 황망히 궁중으로 들어가니, 그 어찌 된 일인가.'

또다시 생각하기를,

'아마 나의 높은 이름을 수국의 군신이 다 들었을 것이니, 제가 먼저 들어가 저의 임금에게 말씀하여 급히 홍문관 대제학에 임명하여, 며칠 사이에 여러 해 두었던 역사를 기록하려고 골똘하기에, 사소한 접대는 미처 생각하지 못하는가 보다.'

하고 생각하면서 무료하게 혼자 앉아 있었다.

이 때, 자라가 급히 궁중으로 들어가니 궁중에서 대왕을 가까이 모시고 있던 신하들이 자라를 보자 한편으로는 반기고 또 한편으로는 용왕께 아뢰었다.

왕이 바삐 자라를 들어오게 하여 용상 아래 가까이 앉으라 하고는 무사히 다녀온 것을 반기며, 토끼의 소식을 묻는데, 자라는 머리를 조아리며 아뢰기를,

"신이 왕명을 받자와 오호와 삼강을 지나 동해가에 이르러 중산*에 들어가서 늙은 토끼 하나를 백 가지로 꾀고 천 가지로 달래어, 간신히 업고 지금에야 돌아와 객관에 머무르게 하고, 신이 급히 들어와 황망히 아뢰옵는 것입니다. 그 사이 옥체 병환은 어떠하신지, 신의 마음은 황송할 따름입니다."

하고, 토끼를 달래던 말을 일일이 아뢰었다.

용왕은 듣기를 다하고 크게 기뻐하며 무릎을 치면서 칭찬하여 말씀하시기를,

"그대의 충성과 말재주는 가히 남해 전국에서 으뜸이니, 하늘이 과인을 도우시어 그대 같은 신하를 내셨구나."

하고, 이에 백관에게 어명을 내리시기를,

"과인이 옥황 상제의 명을 받자와 삼천 수족의 어른이 되어 수국을 다스리되, 덕화가 만물에 미치지 못하매 항상 두려운 생각이 없지 않았다. 그리고 하루 아침에 병을 얻어 치료할 방법이 없어 막막하던 중 세 호걸의 가르침을 받고, 별주부의 지극한 충성으로 인간 세상에 나아가 토끼를 얻어 왔음이다. 이제 장차 그 간을 시험하면 과인의 병이 족히 나을 것인즉, 이는 한 나라의 막대한 경사로다. 그런 까닭

---

* **중산**(中山) 중국 하북성에 있었던 나라 이름.

에 특별히 명을 내리노니 여러 신하는 영덕전에 대령하여라. 별주부
는 특별히 벼슬을 자헌대부* 약방제조* 겸 충훈부당상*을 명한다."
하였다.

이 때, 여러 신하들이 이 어명을 듣고 모두들 기뻐하면서 서로 치하
하고 일제히 궁중으로 들어갔다.

모든 신하들이 앉는 자리의 차례는 다음과 같았다.

영의정 겸 약방도제조 및 종묘서 도제조 거북이요, 좌의정 겸 훈련도
감 도제조 고래요, 우의정 악어요, 이조판서 잉어요, 호조판서 민어요,
예조판서 가자미요, 병조판서 농어요, 형조판서 준치요, 공조판서 방어
요, 한성판윤 웅어요, 규장각 대제학 겸 홍문관 대제학 붕어요, 부제학
문어요, 직제학 넙치요, 승정원 도승지 조기요, 성균관 대사성 가물치
요, 규장각 직각 도미요, 규장각 대교 청어요, 홍문관 교리 은어요, 예
문관 검열 숭어요, 주서 오징어요, 사헌부 대사헌 병어요, 사간원 대사
간 자가사리요, 정언 모래무지요, 상의원 도제조 잉어요, 훈련 대장 대
구요, 금위대장 홍어요, 어영대장 메기요, 총융사 장어요, 금군별장 고
등어요, 포도대장 갈치요, 별군직 상어요, 선전관 전어요, 사복내승 남
생이요, 금부도사 명태요, 원접사 인어요, 그 밖의 금군 조개요, 오영문
군졸 새우, 송사리라.

이러한 차례로 모두 모였는데, 만세를 불러 하례를 마치자, 왕은 어
명을 내려 토끼를 바삐 잡아들이라 하였다. 금부도사 명태가 나졸을 거
느리고 객관에 이르렀다.

이 때, 토끼는 홀로 앉아 자라의 돌아오기를 기다리고 있었는데, 느
닷없이 금부도사가 이르더니 어명을 전하고, 나졸들이 우르르 좌우로

---

* **자헌대부**(資憲大夫) 정2품의 문관 벼슬.
* **약방제조**(藥房提調) 궁중 의원의 우두머리.
* **충훈부당상**(忠勳府堂上) 조선 시대 공신의 업적을 조사하기 위해 설치되었던 기관의 정3품
  이상의 벼슬아치.

달려들어 꽁꽁 묶어 바람같이 몰아다가 영덕전 섬돌 아래 꿇린다.

토끼가 겨우 정신을 차리고 궁전 위를 우러러보니, 용왕이 머리에 통천관*을 쓰고, 몸에 강사포*를 입고, 손에는 백옥홀을 쥐었으며, 만조백관이 좌우에서 부축하여 호위하고 있으니, 그 거동이 자못 엄숙하고 위의가 놀라웠다.

용왕이 선전관 전어로 하여금 토끼에게 하교하여 말씀하시기를,
"과인은 수국의 천승 임금이요, 너는 산중의 조그마한 짐승이다. 과인이 우연히 병을 얻어 신음한 지 오래 되었는데, 네 간이 약이 된다 함을 듣고, 특별히 별주부를 보내어 너를 데려온 것이다. 그러니 너는 죽음을 한탄하지 마라. 네가 죽은 후에 비단으로 몸을 싸고, 백옥과 호박으로 관곽을 만들어, 명당 대지에 장사할 것이다. 만일 과인의 병이 나으면 마땅히 사당을 세워 네 공을 기리겠다. 네가 산중에 있다가 호랑이나 표범의 밥이 되거나 사냥꾼에게 잡혀 죽느니보다 어찌 영화롭지 않겠느냐. 과인은 결단코 거짓말을 하지 않을 것이니, 너는 죽은 혼이라도 조금도 과인을 원망치 말아라."
하고 말을 마치더니 좌우의 신하들에게 호령하여 빨리 토끼의 배를 가르고 간을 가져오라 하였다.

이 때, 뜰 아래에 늘어섰던 군사들이 일시에 달려들려고 하자, 토끼는 공연히 헛된 욕심을 내어 자라를 쫓아왔다가 수국의 원혼이 될 처지가 되니, 이는 모두 스스로 저지른 화인지라, 누구를 원망하고 누구를 탓하겠는가. 세상에 턱없이 명예와 이익을 탐내는 자는 가히 이것을 보아 교훈으로 삼아야 할 것이다.

이 때, 토끼는 이 말을 들으니, 청천벽력이 머리를 깨뜨리는 듯이 정신이 아뜩하여 생각하기를,

---

* **통천관**(通天冠) 임금이 정사를 볼 때 쓰던 관.
* **강사포**(絳紗袍) 임금이 입던 붉은빛의 예복.

'내가 부질없이 영화와 부귀를 탐내어 고향을 버리고 왔으니, 어찌 뜻밖의 변이 없을 것이냐. 이제 날개가 있어도 능히 위로 날지 못할 것이요, 또 축지법을 지녔을지라도 능히 이 지경을 벗어나지 못하리니 어찌하리요!'

또 생각하기를,

'옛말에 이르기를, 죽을 곳에 떨어진 후에야 다시 산다. 하였으니, 어찌 죽기만을 생각하고 살아날 방책을 헤아리지 않겠는가.'

하더니, 문득 한 가지 꾀를 생각하고, 이에 얼굴빛을 조금도 변하지 않은 채 머리를 들어 궁전 위를 우러러보면서 아뢰기를,

"대왕은 천승의 임금이시요, 소토는 산중의 조그마한 짐승입니다. 만일 소토의 간으로 대왕의 환후가 완전히 나으신다면, 소토가 어찌 감히 사양하겠습니까. 또 소토가 죽은 후에 후하게 장사를 지내 주시며, 심지어 사당까지 세워 주신다 하시니, 이 은혜는 하늘과 같이 크므로 소토는 죽어도 한이 없습니다. 다만 애달픈 바는, 소토는 비록 짐승이긴 하지만, 보통의 짐승과는 다릅니다. 본디 방성*의 정기를 타고 세상에 내려와, 날마다 아침이면 옥 같은 이슬을 받아 마시며, 밤낮으로 기화 요초를 뜯어먹으므로 그 간이 진실로 영약이 됩니다. 그래서 세상 사람들이 모두 그것을 알고, 매양 소토를 만나면 간을 달라 하여 보챔이 심하므로, 그 괴로움을 이길 수 없어서 염통과 함께 꺼내어 청산녹수 맑은 물에 여러 번 씻어서 고봉준령* 깊은 곳에 감춰 두고 다닙니다. 그러던 중 우연히 자라를 만나 이렇게 왔으니, 만일 대왕의 환후가 이런 줄 알았더라면 어찌 가져오지 않았겠습니까."

하며, 또 자라를 보고 꾸짖어 말하기를,

---

* 방성(房星) 8수의 넷째 별자리.
* 고봉준령(高峰峻嶺) 높이 솟은 산봉우리와 험준한 산마루.

"네, 임금을 위하는 정성이 이러할진대 어찌 자세한 사정을 일언반구도 내게 말하지 않았더냐."

하기에 용왕이 이 말을 듣고 크게 노하여 꾸짖어 말씀하시기를,

"네, 진실로 간사한 놈이로다. 천지간에 온갖 짐승이 어찌 간을 꺼냈다 집어넣었다 하는 이치가 있겠느냐. 네가 얕은 꾀로 과인을 속여 살기를 도모하나, 과인이 어찌 이치에 닿지도 않는 말에 속겠느냐. 네가 과인을 속인 죄가 더 큰지라, 빨리 너의 간을 꺼내어 한편으로는 과인의 병을 고치고, 한편으로는 과인을 속인 죄를 다스리겠다."

토끼는 이 말을 듣고 또한 어이없고 정신이 산란하며 간장이 없고 가슴이 막히어, 마음 속으로 생각하기를,

'속절없이 죽게 되었구나.'

하다가, 다시 웃으면서 말하기를,

"대왕은 소토의 말씀을 다시 자세히 들으시고 굽어 살피십시오. 이제 만일 소토의 배를 갈라 간이 없으면 대왕의 환후도 고치지 못하고, 소토만 부질없이 죽을 따름이니, 다시 누구에게 간을 구하려 하시겠습니까. 그 때는 후회 막급이실 것이오니, 바라건대 대왕은 세 번 생각하십시오."

용왕이 토끼의 말을 듣고, 또 그 기색이 태연함을 보고, 마음 속으로 심히 의아하여 말씀하시기를,

"네 말과 같다면, 무슨 간을 꺼냈다 넣었다 하는 표적이라도 있는가?"

토끼는 이 말을 듣고 크게 기뻐하면서 생각하기를, 이제는 내가 살아날 도리가 있다 하고 여쭙기를,

"세상의 날짐승, 길짐승 가운데 소토는 홀로 하체에 구멍이 셋이 있습니다. 하나는 대변으로 통하고, 하나는 소변으로 통하며, 하나는 특별히 간이 출입하는 곳입니다."

왕이 그 말을 듣고 더욱 더 노하여 꾸짖어 말씀하시기를,

"네 말이 더욱 더 간사한 말이로구나. 날짐승, 길짐승을 물론하고 어찌 하체에 구멍이 셋이 있는 것이 있겠느냐."

토끼가 다시 여쭙기를,

"소토의 구멍이 셋이 있는 내력을 말씀드리겠습니다. 무릇 하늘이 자시에 열려 하늘이 되고, 땅이 축시에 열려 땅이 되고, 사람이 인시에 생겨나 사람이 되고, 만물이 묘시에 나와 짐승이 되었습니다. 묘라고 하는 글자는 곧 소토의 별명입니다. 날짐승, 길짐승의 근본을 연구하면 소토는 곧 금수의 으뜸이 됩니다. 산의 풀을 밟지 아니하는 저 기린도 소토의 아래이고, 굶주리되 좁쌀을 먹지 아니하는 저 봉황도 소토만 못합니다. 소토는 특별히 선천적으로 타고나기를, 해와 달과 별의 세 가지 빛을 따라 하체에 구멍이 셋이 있습니다. 대왕이 만일 이 말씀을 믿으시지 않으신다면, 그만두셔도 좋습니다만, 그렇지 않으시거든 소토의 하체를 살펴보십시오."

용왕이 이 말을 듣고 이상히 여겨, 나졸들에게 명하여 자세히 살펴보라 하니, 과연 구멍 셋이 분명히 있었다. 용왕은 아직도 의혹하여 말씀하시기를,

"네 말이 네 간을 구멍으로 능히 꺼낸다고 하는데, 그러면 도로 넣을 때에도 그리로 넣는가."

토끼는 마음 속으로 생각하기를,

'이제는 내 꾀가 거의 맞아 들어간다.'

하고 여쭙기를,

"소토는 다른 짐승과 특별히 같지 않은 일이 많습니다. 만일 잉태하려면 보름달을 바라보아야 수태하고, 새끼를 낳을 때에는 입으로 낳습니다. 옛글을 보아도 가히 알 것입니다. 그래서 간을 넣을 때에도 입으로 넣습니다."

용왕이 더욱 더 의심하여 말씀하시기를,

"네가 이미 간을 꺼냈다 넣었다 한다 하니, 네가 혹시 건망증이 있어서 뱃속에 간이 있는지 깨닫지 못하고 있을지도 모르니, 급히 꺼내어 나의 병을 고침이 어떠한가."

토끼가 다시 여쭙기를,

"소토는 비록 간을 능히 꺼냈다 넣었다 하지만, 또한 정해진 때가 있습니다. 매달 초하루부터 보름날까지는 뱃속에 넣어 해와 달의 정기를 호흡하여 음양의 기운을 온전히 받고, 열엿샛날부터 그믐날까지는 줄기와 함께 꺼내어 맑고 맑은 깨끗한 시냇물에 정갈하게 씻어서 푸른 소나무와 푸른 대나무가 우거진 깨끗한 바위틈에 아무도 알지 못하게 감추어 둡니다. 그래서 세상 사람들이 영약이라 합니다. 오늘은 여름철 유월 초순이니, 자라를 만날 때에는 곧 오월 하순이었습니다. 만일 자라가 대왕의 병세가 이러하심을 말하였던들 며칠 지체하였다가 가져왔을 것입니다. 이것은 다 자라가 아무 분별 없이 행동한 때문에 생긴 결과입니다."

무릇 용왕은 본성이 충후해서, 토끼의 말을 듣고 묵묵히 앉아서 아무 말도 하지 않았으나, 속으로 생각하기를,

'만일 토끼의 말과 같다면, 공연히 배를 갈라 간이 없으면 저만 죽을 따름이니, 다시 누구더러 물을 것인가. 차라리 토끼를 달래어 간을 가져오게 하는 게 좋겠다.

하고, 이어 좌우 신하에게 명하여, 토끼를 묶어 놓은 끈을 끌러 주게 하고, 가까이 올라오게 하였다. 토끼는 용왕이 있는 자리에 올라가 황공함을 이기지 못하였다.

용왕이 말씀하시기를,

"토 처사는 아까 내가 실례한 짓을 허물치 말라."

하고, 이어 백옥잔에 천일주를 가득 부어 권하면서 놀란 마음을 진정하

라고 거듭 위로하였다.

토끼는 공손히 잔을 받아 마신 후에 황송함을 말씀드리니, 홀연히 한 신하가 나아와 아뢰어 여쭙기를,

"신이 들은 바에 의하면, 토끼는 본디 간사한 종류입니다. 또 옛말에 이르기를, '군자는 그럴듯한 방법으로 남을 속일 수 있다.' 하였습니다. 바라건대 전하께서는 그 말을 곧이듣지 마시고, 바삐 그 간을 꺼내어 옥체를 보중하소서."

모두들 돌아다보니, 이는 대사간 자가사리였다. 왕이 기뻐하지 않고 말씀하시기를,

"토 처사는 산중 은자라, 어찌 거짓말로 과인을 속이겠는가. 그대는 물러가 있으라."

하니, 자가사리는 분함을 이기지 못하나, 하릴없이 물러났다.

용왕은 이에 크게 잔치를 베풀고 토끼를 대접하는데, 금광초, 불로초는 옥쟁반에 벌여 있고, 빛깔과 맛이 좋은 술은 잔마다 가득하며, 풍악을 아뢰면서 미녀 수십 명이 쌍쌍이 춤추며 능파사*를 노래하였다. 이때, 토끼는 술이 얼근히 취하여 마음 속으로 생각하기를,

'내 간을 꺼내 주고도 죽지만 않는다면 이 곳에서 늙으리라.'

하였다.

용왕이 이에 토끼더러 말씀하시기를,

"과인은 수국에 있고 그대는 산중에 있어서 물과 육지가 멀리 동떨어져 있었는데, 오늘 우리가 이렇게 서로 만난 것도 또한 천 년 만에 맺어진 기이한 인연이다. 그러니 그대가 과인을 위하여 간을 가져오면, 과인이 어찌 그대의 두터운 은혜를 저버리겠는가. 비단 후하게 갚을 뿐만 아니라, 마땅히 부귀를 같이 누릴 것이니, 그대는 깊이 생각해

---

* 능파사(凌波詞) 당나라 현종이 꿈에 능파 연못에 나타난 용녀의 청에 못이겨 지었다는 노래.

보라."

토끼는 웃음이 나오는 것을 참지 못하나 조금도 그런 기색을 얼굴에 나타내지 않고 흔연히 대답하여 아뢰기를,

"대왕께서는 너무 염려하지 마십시오. 소토는 외람되이 대왕의 너그러운 덕을 입어 목숨이 살아났으니, 그 은혜를 어찌 만분의 일이라도 갚을 것을 생각지 않겠습니까? 그뿐 아니라 하물며 소토는 간이 없을지라도 죽고 사는 데에는 아무 상관없으니 어찌 이것을 아끼겠습니까."

하니, 용왕이 크게 기뻐하였다.

잔치를 끝낸 후, 용왕이 가까이 모시는 신하에게 명하여 토끼를 인도하여 별전에 가서 쉬게 하였다. 토끼가 그 신하를 따라 한 곳에 이르니, 운모로 된 병풍과 진주로 된 발을 사방에 드리웠는데, 광채가 영롱하였다. 저녁 밥상을 올리기에 살펴보니, 진수 성찬이 모두 인간 세계에서는 보지 못한 것들이었다. 그러나 토끼는 마치 바늘방석에 앉은 듯하므로 생각하기를,

'내가 비록 한때의 속임수로 용왕을 달래기는 하였으나, 이 땅에 가히 오래 머물러 있지는 못할 것이다.'

하고, 밤이 새도록 잠을 이루지 못하고, 이튿날 다시 용왕을 보아 아뢰기를,

"대왕께서 환후로 편치 않으신 지가 이미 오래 되었다 하오니, 소토는 빨리 산중에 가서 간을 가져오고자 합니다. 바라건대 소토의 작은 정성을 살피소서."

용왕이 크게 기뻐하여 즉시 자라를 불러 이르시기를,

"그대는 수고를 아끼지 말고 다시 토 처사와 함께 인간 세계에 다녀오너라."

하니, 자라는 머리를 조아려 명을 받들었다.

용왕은 다시 토끼를 보고 당부하여 말씀하시기를,

"그대는 속히 돌아오라."

하고, 진주 이백 개를 주면서 말씀하시기를,

"이것이 비록 사소한 것이나 우선 과인의 정으로 표하노라."

하니, 토끼는 공손히 받은 후 용왕께 하직 인사를 하고 궐문 밖으로 나오자, 모든 벼슬아치들이 다 나와서 작별 인사를 하면서, 속히 간을 가지고 돌아오기를 부탁하되, 홀로 자가사리만은 나오지 않았다.

이 때, 토끼는 자라의 등에 다시 올라타고 만경창파를 건너 바닷가에 이르러 자라가 토끼를 내려놓았다.

토끼는 기쁨을 못 이겨 스스로 생각하기를,

'이는 진실로 그물을 벗어난 새요, 함정에서 뛰쳐나온 범이다. 만일 나의 지혜가 없었더라면 어찌 고향 산천을 다시 볼 수 있겠는가.'

하며, 사방으로 깡총깡총 뛰놀았다. 자라는 토끼의 모양을 보고 말하기를,

"우리의 갈 길이 바쁘니, 그대는 속히 간이 있는 곳으로 앞장서도록 하라."

하자, 토끼는 크게 웃으면서 말하기를,

"이 미련한 자라야, 도대체 오장육부에 붙은 간을 어떻게 꺼내고 집어넣는단 말이냐. 이는 내가 잠시 기묘한 꾀로 너의 수국 군신을 속인 것이니라. 또, 너의 용왕의 병이 나와 무슨 상관이 있겠느냐. 진실로 이야말로 아무런 관계가 없는 일이다. 또, 너는 괜히 산중에서 한가로이 지내는 나를 유인하여 네 공을 이루려 하니, 내가 수국에 가서 놀라던 일을 생각하면 등골이 오싹해지고 털끝이 쭈볏해진다. 너를 곧 없애어 분을 풀 것이로되, 네가 나를 업고 만리창파를 오고간 수고를 생각지 않을 수 없어 목숨만은 살려 돌려 보낸다. 너의 용왕에게 돌아가 말하기를, 죽고 사는 것은 다 수명이 있는 것이니, 다시

는 부질없이 망령된 생각을 내지 말라고 하여라.”

하고, 또 크게 웃으면서 말하기를,

　“너의 나라 임금과 신하들이 모두 나의 교묘한 꾀에 속았으니, 가히
　허무하다고 할 것이다.”

하고, 이내 깊은 소나무숲 사이로 들어가 자취를 감추었다.

　자라는 토끼의 가는 모양을 하염없이 바라보고 길이 탄식하여 말하
기를,

　“내가 충성이 부족하여 토끼에게 속았으니, 이를 장차 어찌할꼬.”

　또, 탄식하여 말하기를,

　“우리 수국 백성이 복이 없어, 용왕이 장차 돌아가실 것이다. 내가 토
　끼의 간을 얻지 못하고 무슨 면목으로 돌아가 우리 임금과 만조백관
　을 대하겠는가. 차라리 이 땅에서 죽느니만 못하다.”

하고, 머리를 들어 바윗돌을 향하여 부딪치려 하는데, 홀연히 누가 크
게 불러 말하기를,

　“별주부는 이 늙은이의 말을 듣거라.”

하기에 자라가 놀라 머리를 돌이켜보니, 한 도인이 머리에 절각건*을
쓰고, 몸에는 자줏빛 구름 기운으로 된 옷을 입고, 바람처럼 가볍게 자
라 앞에 와서 웃으면서 말하기를,

　“네 정성이 지극하기로 내가 하느님의 분부를 받자와 한 개의 장생불
　사하는 영약을 주노니, 너는 빨리 돌아가 용왕의 병을 고치게 하라.”

하고, 말을 마치더니, 소매 속에서 약을 꺼내 주었다.

　자라는 크게 기뻐하면서 두 번 절하고 받아 보니, 크기는 산사만하
고, 광채는 휘황하며, 향취가 진동하였다. 다시 절하고 감사하다고 사
례하고, 이어서 말하기를,

＊ 절각건(折角巾)　옛날의 도인이 쓰던, 위가 구부러진 쓰개.

"선생의 큰 은혜는 우리 나라의 임금과 신하가 감격할 것입니다. 감히 여쭈오니, 선생의 높은 성과 큰 이름을 알고 싶습니다."

하자, 도인이 웃으면서 말하기를,

"나는 패국* 사람 화타로다."

하고 표연히 떠나갔다.

---

* 패국(沛國) 후한 때의 패군(沛郡)을 고친 이름.

작자 미상

배비장전

배비장전

이 세상 모든 사람들은 각기 제 부모 밑에서 태어나므로 그 근본은 일반이나, 그 중에는 어질고 현명한 남자가 있는가 하면 천박하고 어리석은 남자도 있고, 지조 있고 현숙한 여인이 있는가 하면 음탕한 여인도 있으니, 사람의 성질은 저마다 각기 다르니라.

저 아랫마을 전라도 제주군에 있는 한라산은 옛적 탐라국*의 주산이요, 이름난 명산이라. 이 험준하고도 수려한 한라산의 정기를 받아 태어난 이가 있었으니, 바로 기생 애랑이라.

애랑이가 비록 천한 기생의 신분이기는 하나, 그 총명함으로 말할 것 같으면 진유자*를 발 아래 두고도 남음이 있으며, 그 간교함은 구미호가 다시 태어났다고 해도 이상할 것이 없을 정도일러라. 게다가 미모는 어찌 그리 출중한지 월서시, 양태진을 저만치 내리 굽어볼 정도이니, 누구든지 한번 얽혀 들기만 하면 상투 끝까지 빠져 허덕이는 판이라.

---

* **탐라국(耽羅國)** 삼국 시대 제주도에 있던 나라 이름.
* **진유자(陳留子)** 지혜가 뛰어났던 한나라의 진평과 장자방.

그 즈음 한양에는 김경이라는 양반이 있었는데, 글재주가 뛰어나고 머리 또한 영특하여 십오 세에 벌써 생원·진사과에 급제하고, 이십 세가 되기 전에 문과에 장원 급제하기에 이르렀다. 그 후 한림원·승정원·홍문관 등의 벼슬을 두루 지내다가 끝에는 제주 목사에 임명되었으니, 김경이 어명을 받들어 도임길에 오르려할 새, 즉시 이·호·예·병·형·공 등 육방의 비장*을 정하느라 분주하다. 이 때 예방으로 서강 사는 배 선달*을 불러 그 소임을 맡기니, 배 비장 집으로 쪼르르 달려와 어머니께 여쭈오되,

"소자가 팔도 강산 경치로 이름난 곳은 두루 둘러보았으되, 오직 바다 한가운데 둥실 떠 있는 제주는 구경치 못하였더니, 이번에 제주 목사로 가시는 양반이 소자에게 비장 자리를 주어 같이 가자 하시니 다녀오겠삽나이다."

배 선달의 어머니가 그 말을 듣고 수심이 가득하여 하는 말이,

"애고 네가 지금 갔다 늙은 어미 죽게 되면 황천길 가는 마지막에 아들 얼굴 못 볼 테니, 너는 부디 집에 있어 어미 임종 지키거라."

"목사께서 소자에게 신신당부 부탁하니 아니 가진 못하겠사옵니다."

옆에서 듣고 있던 배 선달 아내 하는 말이,

"제주가 바다 한복판에 떠 있는 섬이라고는 하나, 내가 듣기로 미인도 많고 이름난 기생도 많다고 하는구려. 그 곳에 갔다가 행여 여색에 빠지기라도 하면 이내 신세 원통 절통, 그 꼴을 어찌 보오."

"여보 임자, 그런 말 하도 마소. 내 사내 대장부로 태어났으니 임자에게 단단히 약속하리다마는, 행여 내가 맑지 못한 마음을 품어 다른 계집을 가까이한다면, 그 날부터 내가 저 가막쇠* 자식이오."

---

* 비장(裨將) 조선 때, 지방 장관이나 해외 사신을 따라다니던 무관.
* 선달(先達) 무과에 급제하고 아직 벼슬을 하지 않은 사람.
* 가막쇠 방문 따위를 걸 때 쓰는 장식. 돌쩌귀와 같이 암수가 있기 때문에 인용한 말.

배 선달 큰소리 탕탕 친 뒤 어머니께 하직한다.

때는 바야흐로 만물이 소생하는 봄이렷다. 들에는 배꽃·복사꽃·살구꽃 등 온갖 꽃들이 만발하고, 강가의 버드나무 푸르고 푸르러라. 이렇게 좋은 시절에 신관 제주 목사가 전령패 비껴 차고 호화롭기 그지없는 행차 길에 올랐어라. 행차가 강진 지나 해남 끝에 다다르니, 하인들이 모두 나와 신관 사또 맞이한다. 사또 사공 불러 물으시되,

"예서 배를 타면 제주까지 며칠이나 걸리는고?"

사공이 분부 모셔 여쭈오되,

"일기가 청명하고 서풍이 살살 불어 아디*에서 핑핑 소리가 나고, 뱃머리서 물결 갈리는 소리가 팔구월 열바가지 삶는 소리처럼 절벅절벅 나면 하루에 천 리인들 못 가오리까. 허나 반쯤 가다 왜풍*을 만나 표류하면 영길이국(영국) 가기도 쉽삽고, 만일 일이 틀어져 물에 빠지면 숭어 뱃속에 앉아 있게 되오리다."

사공의 대답에 사또 허허 웃으며,

"오냐. 오늘 내로 제주에 닿기만 하면 내 너에게 큰 상을 내리리니, 너는 착실히 거행하라."

마침 일기가 청명하고 서풍이 솔솔 부니, 사또 일행 안심하고 배 위에 오르거늘, 일에도 순서가 있는지라 산수 병풍·모란 병풍 둘러치고, 멍석 깔고 장막 치고 채색 놓은 베개에다 청등·홍등·병타구 늘어놓으니 사또 나리 위엄을 갖추고 마지막으로 배에 오르는지라. 비장 이하 여러 하인 좌우로 죽 갈라서며 각기 허리 숙여 읍을 하고, 선원들 순풍에 신바람이 나서 어기야 어영차 노를 젓기 시작한다.

망망대해 떠가는 듯 두둥실 떠나갈 제, 사또 기쁜 마음 서글픈 마음 종잡을 수 없이 교차하여 아랫사람 모아놓고 술잔 들어 이르기를,

---

* 아디 바람의 방향에 따라 돛의 방향을 조절하기 위하여 돛대에 맨 줄.
* 왜풍 이리저리 부는 바람.

"술 들어라. 먹고 놀자. 너도 마시고 나도 마시자."

사또 취하니 흥이 절로 나서 풍월 한 수 지어 읊는다.

　푸른 하늘이 물 속에 거꾸로 비쳤으니
　물고기가 흰구름 사이에서 노는구나.

　사또와 비장들 한창 신명나게 떠들고 있는 바로 그 때였다. 난데없는 광풍이 졸지에 일어나서, 사면이 침침 물결이 왈랑왈랑, 태산 같은 물마루가 뒤치어 우르릉 쾅쾅 뱃전을 때리고, 커다란 배 몸통이 뒤뚱덤벙 이리저리 흔들릴 새, 한 비장 꺼이꺼이 느껴 울며,

"애고 이게 웬일이고. 북방에 백발의 우리 부모 천 리 떨어진 섬에 날 보내시고, 이제 올까 저제 올까 목 늘여 기다리시고, 젊디젊은 우리 임자 내 생각에 잠 못 이루며 한숨과 눈물로 나날을 보낼 제, 이내 몸 망망대해 한가운데서 속절없이 죽게 되니 이런 팔자 어디 있나."

비장 하나 또 운다.

"내 나이 마흔에 아직 자식 없고 양자 들일 곳도 없으니, 이내 몸 죽어지면 우리 조상 제사는 그 누가 지내 줄꼬."

비장 하나 또 운다.

"나는 집안 가난하여 제주가 양태* 나는 곳이라기에 양태 몇 동* 얻어다가 살림에도 보태고 마누라 속곳이나 얻어 입힐까 했더니, 속절없이 물귀신 신세가 되겠구나."

　이렇듯 탄식할 제, 황망히 앉아 그 거동을 보고 있던 사또 무슨 생각이 났던지 사공을 불러 분부한다.

"아마 용왕이 제수를 달라고 하는 모양이니, 서둘러 고사 지낼 준비

＊ **양태** 갓의 둘레 테. 여기서는 둘레가 넓은 갓을 말함.
＊ **동** 짐을 크게 묶어 세는 단위.

를 하게."

이에 사공이 분부 받잡고 고물간에 자리 펴고 정성 들여 음식 차리고, 도사공* 양손에 북채 갈라잡고 둥둥둥 북을 울리며 축원한다.

천지 신령과 일월 성신이시여, 신관 사또 김명을 살리소서.
동해 광리, 서해 광덕, 남해 광연, 북해 광택, 사해 용왕님이시여,
바다 건너갈 제 순풍을 빌려 주소서.

둥둥 두리둥둥 북을 울리며 고사를 드리자, 진노하던 사해 용왕 정성에 감동했는지 집채만큼 치솟던 물결 어느 틈에 잠잠하다.

어언간 제주성에 다다르니, 달빛에 비친 풍경은 비길 데 없을러라. 신관 사또 일행 환풍정*에 배를 대고, 화북진*에 올라 사면을 둘러보니 제주가 십팔경이라. 그 중에서도 제일경은 망월루인데, 망월루를 살펴보니 청춘 남녀의 이별 풍경이 벌어졌어라. 이는 누군고 하니, 구관 사또 밑에 있던 정 비장과 기생 애랑이더라.

정 비장 애랑의 손을 잡고 하는 말이,

"내 서울 살 적부터 제주 물색 좋단 말을 들었더니, 이 곳 와서 꽃다운 나이에 너와 더불어 연분을 맺고 네 고운 자태와 청아한 노랫소리에 고향 생각 잊었더니, 이제 와서 이별이라니 애달플사 이별이야. 높은 산 깊은 골에 둘이 만나 노닐다가 짝 잃은 원앙새 격이로구나. 애닯고나 이별이야. 부디부디 잘 있거라."

애랑 고운 얼굴로 우는 듯 웃는 듯 찡그리고 한숨지어 하는 말이,

"여보 나리 들으시오. 나리 계실 때는 이내 몸이 먹고 입고 걱정없이

---

* 도사공(都沙工) 사공의 우두머리.
* 환풍정(喚風亭) 왕명을 받들고 제주를 오가는 사람들이 묵던 곳.
* 화북진(禾北鎭) 변방을 방어하기 위해 군사 요충지에 설치한 9진 중의 하나.

세월을 보내더니, 인제는 뉘게다 의탁하오리까."

정 비장 시원시원 대답하여 하는 말이,

"글랑은 염려 마라. 지금 내 가더라도 설마 그냥은 가겠느냐. 한동안 먹고 쓰기 넉넉하게 볏섬 풀어 주고 가마."

하더니 정 비장 창고지기를 불러 애랑 집에 볏섬을 나르도록 분부한다. 거기에 탕건 한 죽, 중량* 한 통, 인삼 열 통, 우황 열 근, 월자* 서른 단, 말총 백 근, 노루 가죽 열 장, 사슴 가죽 다섯 장, 미역 스무 장, 삼치 서 뭇, 석어 한 동, 다시마 한 동, 유자, 석류, 비자, 청피, 진피, 이층 문갑 있는 대로 내어놓고, 조랑말 두 필, 안장 두 켤레, 무명 한 통, 삼베 세 필, 모시 다섯 필, 담뱃대 한 켤레, 생밤 열 되, 마늘 한 접, 찹쌀 한 섬을 얹어 주고, 방자를 시켜 애랑의 집에 갖다 주라 분부한다.

애랑이 저고리 고름으로 눈물을 씻으며 여쭈오되,

"저런 물건이 다 무슨 소용이오. 백년 가약이 모두 일장춘몽 허사로다. 나리는 소녀를 버리고 가옵시면 늙으신 부모 버선발로 맞으시고, 정숙한 아내 반가이 맞아 그리던 정회를 풀 터이지만, 기구하기 짝이 없는 이 소녀는 나리와 섧디섧은 이별하고 아득한 나날을 어찌하여 보낼거나. 애고애고 설운지고. 천산만수 아득한데 지금 슬픈 이별하면 언제 다시 만나 볼꼬. 애고애고 설운지고."

정 비장 이 말을 들으니 애간장이 녹아내린다.

"네 말을 들으니 내 애간장이 다 녹는구나. 내 지닌 노리개 중에 네 탐나는 것 있거들랑 마음대로 다 달래라."

그러지 않아도 할 수만 있거들랑 나무 껍질 벗기듯이 아주 홀짝 벗겨 먹을 심산이던 애랑 내심 신바람이 절로 나서,

"여보 나리 들으시오. 정이 그러하시다면 지금 입고 계신 가죽 두루

---

* **중량** 좀 굵게 만든 갓양태.
* **월자** 숱을 많게 하기 위한 일종의 가발. 다리.

마기 벗어 주시오. 나리 가신 뒤에 독수공방 잠 못 들 적에 그 두루마기 깔고 덮고 베고 누워 나리 품에 누운 양 잠을 청해 보리오다."

정 비장 그 말 듣고 가죽 두루마기 활활 벗어 애랑 주며,

"오냐 오냐, 여기 있다. 이 옷 깔고 덮고 베고 잘 제 부디 나를 잊지 마라."

"여보 나리 또 들으시오. 나리 가신 후로 달 밝은 밤에 서리 차고 배꽃 같은 흰눈이 펄펄 휘날리며 차디찬 북풍이 소로로 들이 불 제, 차마 귀 시려 어찌 살리오. 나리 쓰고 계신 돼지가죽 휘양도 소녀를 벗어 주고 가시오그려."

정 비장 냉큼 휘양 벗어 애랑 주며 하는 말이,

"오냐 오냐, 여기 있다. 이 휘양 쓸 때마다 부디 나를 잊지 마라."

"여보 나리 또 들으시오. 이별할 땐 칼을 뽑아 서로 주고받는 것이 법도라 하니, 나리 차고 계신 그 무쇠칼도 끌러 주고 떠나시오."

정 비장 뒤로 주춤하며,

"이 칼은 내 몸을 지키는 보검이니 차마 너를 주지 못하겠다."

"나리는 오나라 사람 계찰 이야기도 모르시오. 서나라 임금이 계찰의 칼을 부러워했거늘, 계찰이 이를 알고 주려고 갔을 때는 이미 서나라 임금은 죽은 뒤가 아니었소. 그러자 계찰은 무덤까지 찾아가 칼을 놓고 왔다 하지 않소. 나리도 나를 생각하는 마음이 있거들랑 이별의 정표로 그 칼이나 주고 가소."

정 비장 여전히 주춤하며,

"네 내 말 들어라. 오늘 만일 이 칼 주고 갔다가 혹시 이 칼이 우리의 정을 베어 낼까 두렵구나. 내 칼 가는 값은 두말 않고 물어 줄 터이니, 필요커든 네 집에 있는 식칼을 쓰려무나."

이에 애랑 반은 우는 듯 반은 웃는 듯 여쭈오되,

"흥, 그까짓 칼 가는 값이 문제이오리까. 만일 나리께서 칼을 주시면,

소녀 낭군 위해 절개를 지키다가 행여 한밤중에 도적이라도 들어오면 이 칼을 뽑아 들고 이내 몸을 지키리니, 제발 덕분 끌러 주오."

정 비장이 얼른 칼을 풀어 주며 하는 말이,

"오냐 오냐, 여기 있다. 내 이 칼 너를 주마. 네 여러 사람 당하지는 못할지나 수절 공방 범하는 놈 하나쯤은 찌르리라."

애랑이 칼마저 받아 놓고 툭 퍼질러앉아 엉엉 울며 하는 말이,

"여보 나리 들으시오. 나리 입고 계신 숙주 창의·분주 바지마저 소녀를 벗어 주고 가오."

정 비장 대답하되,

"남자 옷을 가져다가 어따 쓰려 그러느냐?"

"애고애고 무심도 하시네그려. 나리 상하 의복 활활 떨어 입어 보고, 착착 접어 홰에 걸고 서서 보고 누워서 보고 앉아서 보고 일어나 보고, 수심에 잠겨 잠 이루지 못하는 길고 긴 밤에 바라보면, 일천 설움 일만 근심 모두 풀어지지 않겠소."

정 비장 이 말에 크게 감동하여 입고 있던 옷을 모두 활활 벗어 주니 이제 달랑 고의적삼만 남았더라. 애랑이 옷 받아 놓고 또 앉아 운다.

"여보 나리 들으시오. 그 고의적삼도 내게 주시오. 착착 잘 접어 두었다가 임 생각에 잠 못 이룰 때에 나리 고의적삼 바짝 끌어안고 누웠으면, 임과 둘이 자는 듯이 단잠에 빠져들리니, 꿈 속에서라도 임을 만나지 아니하겠소."

정 비장 애간장이 다 녹아서 달랑 남은 고의적삼마저 활활 벗어 주니, 이제 남은 것은 하나 없이 알몸뚱이 되어 하는 말이,

"어허 날씨 한번 매우 춥구나."

허나 인정사정 없는 애랑 또 여쭈오되,

"여보 나리 들으시오. 이제 옷은 그만 벗어 주고 상투나 좀 베어 주시구려. 그리 하시면 소녀 머리에 한데 땋아 고이고이 간직하리다."

"네 마음 이해한다마는 나는 백련사 몽구리* 아들이 되란 말이냐?"

"애고 나리 내 말 좀 들어 보소. 나리가 아무리 다정키로서니 소녀 뜻만 못한가 보오. 상투가 안 된다면 이내 방에 마주 앉아 당싯당싯 웃으시던 앞니라도 하나 빼어 주오."

정 비장 어이없어 하는 말이,

"이제는 부모가 물려주신 몸에까지 손을 대란 말이더냐. 그래, 이는 가져서 어따 쓰려느냐?"

"백옥함에 넣어 두고 고이고이 간직하다가, 소녀가 죽은 후에는 합장하여 한 몸이 될까 하오."

죽은 후에 함께 묻히겠노라는데 무엇을 망설이랴. 정 비장 앞뒤 가릴 것 없이 즉시 공방고자* 불러 장도리 집게 대령시키고 앞니 하나를 쑥 잡아뽑는지라.

한참 이리 수작할 제 방자 뛰어와 여쭈오되,

"사또께서 배에 오르신다 하니 나리께서도 얼른 배에 오르소서."

배 떠나자 재촉하나 슬픈 사설은 만단회라 임은 잡고 아니 놓으니, 정 비장 가슴이 갈래갈래 찢어진다.

이 모습을 지켜보던 배 비장이 방자를 불러 묻는 말이,

"저 건너에서 청춘 남녀가 서로 잡고 못 떠나니 대체 무슨 일이냐?"

방자가 여쭈오되,

"구관 사또를 뫼시던 정 비장과 기생 애랑이 나누는 작별인 줄 아뢰오."

배 비장 그 말 듣고 빈정거리며 말하기를,

"허랑한 장부로다. 부모와 멀리 떨어진 천 리 밖에 와서 아녀자에게 혹하였으니 어찌 아니 부끄러운 일이랴. 양귀비·서시라도 눈 하나

---

* 몽구리 중을 낮게 이르는 말.
* 공방고자(工房庫子) 공방에 속해서 창고 관리를 맡아보던 사람.

꿈쩍하면 내 덜된 아비 둔 아들이다."

방자놈이 콧바람으로 이르기를,

"남의 말이라고 그리 수이 말씀 마옵소서. 나리도 애랑의 꽃 같은 얼굴과 아리따운 자태를 보시면 당장에 마음이 혹하리다."

"이놈, 양반의 체면을 어찌 알고 경솔히 말을 하는고?"

"그러하오면, 소인과 내기하시렵니까?"

"무슨 내기를 하자느냐?"

"나리께서 집으로 돌아가시기 전에 저 기생에게 마음을 빼앗기지 않으시면 소인의 식구가 댁에 가서 머슴이 될 터이고, 만일 나리께서 저 기생에게 반하시오면 타시던 말을 소인에게 주십시오."

"좋도록 하여라. 말 값이 천금이기로 설마 내 너를 속이랴."

두 사람이 한참 이리할 제 신관 사또와 구관 사또 서로 일을 주고받고 곧 구관 사또 일행이 떠나는 배에 올랐더라.

신관 사또 행차하니, 악사들은 거문고 · 가야금 연주하고, 삭모 쓴 사령들은 앞뒤로 구름떼처럼 늘어선다. 청색 · 홍색 깃발 머리 위로 휘날리고, 나팔 소리 산천이 떠나갈 듯 '니나노 뚜르 뚜뜨' 울려 댄다. 앵무 같은 기생들은 색색으로 예쁜 옷 지어 입고 길가에 쌍쌍이 늘어섰어라.

신관 사또 전알전에 들러 임금 계신 곳을 향해 절을 할 제, 남녀 노소 무론하고 신관 사또 구경이다. 각방 책임자 · 군관 장교 · 말단 관리 · 머슴까지 사또께 인사하고 각자의 처소로 돌아오니, 해는 서산으로 넘어가고 동쪽 산봉우리에 밝은 달이 걸렸더라.

모든 비장들이 저마다 기생 꿰어차니, 방마다 맑은 노래와 단소 · 거문고 소리 흘러나오며 곳곳에서 화락한 웃음소리 들려온다.

이 때 배 비장 답답한 마음에 한가지로 놀고 싶으나, 이미 내뱉은 장부의 말을 어찌 다시 주워 담으랴. 방자가 배 비장을 찾아와서 다른 비장들의 전갈을 전하니,

"나리, 다른 비장들께서 나리께 전하기를, '미녀가 넘치는 땅에 와서 수심에 잠김이 어쩐 일이오? 고향 생각일랑 그만 접어두시고 마음에 드는 기생을 골라 이야기나 나누시지요.' 하셨나이다."

배 비장 전갈 듣고 회답하되,

"방자 네 잘 듣거라. 가서 여러 비장께 전하기를 '우리는 구 대를 이어 절개를 지켜 온 집안이라 잡스러운 마음은 도통 없으니 부디 나를 염려치 말고 그대들이나 즐거이 노닐도록 하시오.' 하고 전하여라."

그리고 다시 방자를 향하여 이르기를,

"이애, 방자야, 당장 기생 차지를 불러 내 앞에 대령시키렷다."

기생 차지가 불려오자 배 비장 이르기를,

"네 만일 오늘 이후로 어떤 기생이든지 내 앞에 얼씬거리게 했다가는 혼쭐이 날 줄 알아라."

하고 분부할 제, 사또가 내막을 들으시고 배 비장을 골려 주고 싶은 생각에 일등 명기를 다 불러 이르시기를,

"너희 중에 배 비장을 기쁘게 하여 웃게 만드는 이가 있으면 큰 상을 내릴 것이니 그리할 기생이 있느냐?"

그러자 애랑이 여쭈오되,

"소녀가 미련하오나 사또의 분부를 따라 거행하겠나이다."

사또가 그녀를 바라보니 과연 절색의 미녀로다. 이에 이르기를,

"네 능히 배 비장의 절개를 무너뜨릴 재주가 있으면 제주 기생 중에 단연 으뜸이라 하리라."

애랑이 여쭈오되,

"한창 봄바람 살랑살랑 시절이 좋사오니, 사또께서는 내일 한라산에 꽃놀이를 나오소서. 그리하면 소녀가 배 비장을 꾀어 보겠나이다."

이튿날 사또 각 비장과 의논하고 날 밝을 무렵 출발하여 한라산 꽃놀이를 갈 제, 아리따운 미녀들은 비단옷에 날아갈 듯 차려입고 지화자

풍악을 울리며 뒤따른다.

산에는 온갖 꽃들이 만발하고, 크고 작은 새들이 '지지배배 후루루꾸꿍 푸드득 쑤꿍 소쩍다 비비적 부러귀 가부락갑족 접동' 지저귄다. 긴 개울과 푸른 숲에 수양버들은 가지를 드리우고, 계곡의 물결은 '좌르르 컬컬 출렁 풍풍' 굽이굽이 아홉 굽이를 휘돌아쳐 떨어진다.

사또 소나무 아래 자리를 깔고 사면의 경개를 굽어보니, 푸른 물결은 하늘에 닿았고 끼룩끼룩 갈매기는 쌍으로 날며 고깃배들은 돛을 달고 한가로이 물 위에 흩어져 있더라. 사또와 모든 비장이 기생과 더불어 술을 주거니 받거니 하면서 춘흥에 겨워 노닐 적에, 배 비장은 가장 고상한 척하고 외따로 떨어진 바위 위에 앉아 글을 지어 읊으되,

하늘이 끝이 없으니 한양은 천리 길이요,
바다가 넓디넓으니 제주 물결은 만경이라.
꽃 같은 미인은 초나라와 월나라 사이에 있어
이내 몸과는 아무 상관이 없으니,
다만 술에 취해 강산의 무한경을 즐길 뿐이로다.

이 때 배 비장이 무료함을 견디지 못하고 주위를 둘러보다가 문득 우거진 나무 사이로 눈길을 돌릴 새, 양쪽 기슭에 복사꽃 어우러진 곳에 옥녀 일색 미인이 비칠락 말락 오만 교태를 다 부리며 나무 사이로 숨었다 드러나기를 수차례 계속하는지라. 그 자태 하늘에서 내려온 선녀가 거니는 듯한데, 배 비장 황홀함을 이기지 못하여 눈을 비비고 바라보니, 꿈인지 생시인지 종잡을 수 없을 지경이더라.

그 때 갑자기 여자가 아래윗옷을 활활 벗어 바위 위에 올려놓고 물에 풍덩 뛰어들더니 이태백이 놀던 달이 평강수에 잠겼는 듯 반쯤 물 위에 몸을 내놓고 이리 덤벙 저리 덤벙 울우렁 출렁 수면을 희롱한다. 맑은

물 한 줌 섬섬옥수에 쥐어다가 두 손을 씻어 보기도 하고, 꽃가지 질끈 꺾어 머리에 꽂아 보기도 하고, 조약돌을 집어다가 꾀꼬리에 날려 보기도 하고, 삼단 같은 머리채를 길게 풀어 물결에 씻기도 하니, 온갖 교태에 배 비장 침이 바싹바싹 말라 혼자 하는 말이,

"누구인지 모르겠으나 여러 사내 잡았으렷다."

배 비장 여자가 누구인지 묻고 싶으나 이리 할 수도 저리 할 수도 없어 마른침만 삼킬 제에, 새들은 잠자리로 날아들고 어촌의 지는 해는 서산마루에 걸렸더라. 사또 일행 자리를 털고 일어나 돌아가는 길에 오를 제, 배 비장은 차마 자리를 뜰 수 없어 꾀병으로 배앓이를 한다. 다른 여러 비장 미리 눈치를 채고 귀엣말을 주고받기를,

"벌써 혹하였고나."

하며, 배 비장을 향해서는 겉인사로 위로한다.

"예서 이리 아프니 참으로 큰일 아니오. 내 같이 남아서 거동을 도우리다."

"아니오, 내 배는 누가 같이 있으면 더 아프니 나를 염려 말고 어서 먼저 내려가오, 애고 배야."

이에 여러 비장들이 억지로 웃음을 참고 방자에게 이르기를,

"너는 예서 기다리고 있다가 너의 나리 병환이 진정되면 뫼시고 내려오너라."

하고 돌아가는지라. 배 비장은 그 여자를 보고 싶은 마음에 급히 방자를 부른다.

"방자야, 애고 배야."

"예, 나리."

"나는 술에 취해 지척을 분간치 못하겠다, 애고 배야."

"소인도 나리께서 그러시니 정신이 없습니다."

"하지만 사또 가시는 건 보일 테니 어디쯤 내려갔나 굽어보거라."

"산중턱쯤 내려가셨습니다."

"애고 배야! 또 보아라."

"저 아래쯤 내려가셨는지 나무에 가려 더 이상 보이지 않습니다."

"산을 돌고 길을 굽어 사또께서 보이지 않게 되었으니, 내 배도 그만
아파야겠다."

배 비장 목욕하는 저 여자를 보려고 나무 뒤에 몸을 숨겨 가만히 방
자를 부르니, 방자도 가만히 대답하나 벌써 말공대는 어디로 가고 없어
졌더라.

"어째 부르우?"

"너 저기 좀 보아라."

"저기 무엇 있소?"

"쉿, 이애야, 요란하게 굴지 마라. 조용히 구경하자꾸나."

그 때까지도 여자는 물 속에서 목욕 중이라. 백만 교태를 다 부리는 그 거동이 금 같기도 하고 옥 같기도 하다.

"저게 금이냐, 옥이냐?"

"저 물이 금이 난다는 여수 강물 아닐진대 어찌 금이 놀고 있겠소?"

"그러면 옥이냐?"

"이 곳이 옥이 나는 형산이 아닐진대 어찌 옥이 있으리까?"

"금도 아니고 옥도 아니라면 봄이 왔다고 속이는 매화란 말이냐?"

"눈 속이 아닐진대 어찌 매화가 피오리까?"

"매화도 아니면 도화(桃花)인 게로구나."

"여기가 무릉도원이 아닐진대 어찌 도화가 피오리까?"

"그러면 단풍 지는 계절에 피는 국화란 말이냐?"

"구일용산* 아닐진대 국화가 웬말이오?"

"이꽃 저꽃 다 아니라니 그러면 양귀비냐?"

"온천수 아닐진대 양귀비 어이 목욕할까?"

"그도 아니면 이내 눈을 혼란케 하는 불여우냐? 여우가 아니라 사나운 호랑이라도 목숨 내놓고 반하겠다. 애고애고 날 죽이누나."

"대체 나리는 무엇을 보시고 그다지 미치시오? 소인 눈에는 아무것도 아니 뵈는뎁쇼?"

"저기 저 맑은 물 속에서 목욕하는 저 여자가 안 보인단 말이냐?"

"아따, 소인은 또 무엇인가 했더니, 옳소이다, 저 건너 목욕하는 여인 말씀이시오?"

"이제야 보았단 말이냐? 상놈의 눈이라서 그러냐, 어지간히도 무디구나."

"나리 말씀이 옳소. 상놈의 눈은 양반의 눈과는 달라서 예의에 어긋

---

* **구일용산**(九日龍山) 구월 구일의 용산. 구월 구일은 중양절이라 하여 국화를 감상하는 풍속이 있었는데, 이 날 진(晉)나라의 맹가가 용산이란 곳에서 잔치를 베풀었음.

나는 건 아니 보입니다요. 또 마음도 양반과는 달라서 규중 처녀가 목욕하는 것은 아예 훔쳐볼 생각도 하지 않는뎁쇼. 그러고 보면 양반들 마음은 상놈들보다 더욱 컴컴하고 음탕한 모양이외다."

방자의 말을 듣고 배 비장 무안하여 얼굴을 돌리며 하는 말이,

"알았다. 내 다시는 안 본다."

그러면서도 자석에 바늘 달라붙듯 배 비장의 눈이 자꾸 돌아가자 방자가 그 모양을 보다가 하는 말이,

"그 눈은 왜 돌아가오?"

"알았다. 안 본다니까."

하면서도 눈이 절로 돌아간다. 방자가 혀를 끌끌 차면서 하는 말이,

"저 눈이 일낼 눈이로고. 아무래도 눈 때문에 안 되겠소."

배 비장이 깜짝 놀라 두 손으로 눈을 가리며,

"아니다, 안 본다, 안 봐!"

그 때 방자가 에취 하고 뜻밖의 기침을 하니, 저 여인이 화들짝 놀라 후다닥 물 밖으로 뛰어나와 울울창창한 푸른 숲 속으로 얼른 도망치는지라. 배 비장 눈앞이 캄캄 어안이 벙벙 정신이 멍멍하여 하는 말이,

"방자 네 이놈, 네 기침이 낭패로다!"

배 비장 한참 동안 벌레 씹은 듯 똥물 마신 듯 인상을 있는 대로 찌푸리고 앉아 있다가 방자를 부른다.

"이놈 방자야."

"예에."

"네 저 여인에게 가서 인사드리고 말씀 좀 여쭈어 주어라. 이 산에 지나가는 길손이 꽃놀이를 즐기려다가 갑자기 갈증이 심하고 창자가 주리니 음식이 있거들랑 굶어 죽는 사람 돕는 셈 치고 나눠 주기를 천만 바라옵나이다 하고 말이다."

방자놈 절레절레 고개를 저으며 여쭈오되,

"예에? 내 죽으면 죽었지 그런 전갈은 못 전하겠소. 처음 보는 여자에게 어찌 음식을 구걸한단 말이오? 그러다가 매 맞기 십상이겠소."

"매를 맞게 되더라도 내가 맞을 터이니 너는 염려 말고 어서 다녀오기나 하렷다."

"나리 얼굴을 보니 몽둥이에 맞아 죽더라도 그리할 수밖에 없겠소."

방자가 큰 인심이나 쓰는 듯이 설렁설렁 건너가서 헛절 한 번 하고,

"애랑아, 배 비장이 벌써 너를 보고 혹하였구나. 그러니 무슨 음식이든지 좀 차려 다오."

애랑이 금빛으로 꽃무늬를 놓은 귀한 그릇에 전과 홍시를 담고 자라병에 맑은 술 가득 부어 정갈하게 꾸민 다음 웃으면서 하는 말이,

"너의 나리 참으로 무례하나 심히 주리다고 하니, 이 음식 가져가서 그도 먹고 너도 먹으며, 이 술병 기울여서 주거니 받거니 포식한 후 잠시도 지체 말고 속히 내려가라. 어물쩡거리다가 큰 탈 날라."

방자가 배 비장에게로 돌아와 애랑이 한 말을 그대로 전하며 음식을 올리자, 배 비장 얼씨구 절씨구 어깨춤이 절로 나서 하는 말이,

"겉을 보면 속을 안다 하더니, 과히 속마음도 선녀로다. 그런데 저 감에 난 이빨 자국은 웬 것이냐?"

방자놈이 짓궂게 감을 집으며 여쭈오되,

"그 여인이 감꼭지를 입으로 물어 떼다가 생긴 것입죠. 침이 묻어 더러우니 이런 음식은 소인이나 먹겠소."

배 비장 방자놈의 입 속으로 들어갈까 말까 하던 감을 얼른 가로채며 하는 말이,

"이놈, 기막힌 소리 하지도 말아라. 난 이거 하나만 먹을 테니, 나머진 모두 네 먹거라."

배 비장이 감을 껍질째 다 먹은 후에 여인에게 전할 말을 이르기 위해 방자에게 말하기를,

"좋은 음식을 보내 주셔서 배불리 잘 먹었습니다 하고, 또 무례한 말씀이오나 세상엔 하늘과 땅이 있고 양지와 음지가 있으니, 이 두 가지가 합쳐지는 것이 정해진 이치가 아니겠습니까. 꽃놀이 나온 선비가 이 산에 올라왔다가 꽃을 찾는 벌·나비의 마음으로 사귐을 바라오니, 부디 깊이 헤아려 주십시오 하고 여쭈어라."

방자가 여인에게 다녀와서 하는 말이,

"그 여인이 답례고 무엇이고 필요 없으니 큰 탈이 나기 전에 지체하지 말고 속히 내려가라고 하옵디다."

배 비장이 이러지도 저러지도 못하고 탄식하며 말하기를,

"도리가 없구나. 내려가자."

관아로 돌아온 배 비장은 그 여인을 못 잊어 깊은 시름에 잠겼다가 시름이 더하여 병이 되었으니, 이름하여 상사병이라.

"한라산의 맑은 정기는 제 한 몸에 다 타고났나. 어찌 그리 고운고. 이내 방이 적막한데 님 생각에 잠도 쓰다. 춘풍에 우는 새는 회포를 머금은 듯, 뜰 가에 푸른 풀은 이별의 눈물을 뿌리는 듯, 이내 몸은 병이 깊어 골수까지 들었으니, 시절 좋은 청춘에 몽달귀신 되겠으니, 애고애고 이 일을 어찌할꼬? 에라, 모르겠다. 죽을 때 죽더라도 얼굴이나 한 번 더 보고, 옥 같은 목소리나 한 번 들어 보고 죽으리라."

하고 결심한 배 비장 급히 방자를 불러들인다.

"이애, 방자야."

방자가 기다렸다는 듯이 냉큼 뛰어들며 대답한다.

"예에, 부르셨습니까?"

"오냐, 이리 가까이 좀 오너라. 나는 이제 똑 죽을 병에 걸렸구나."

"무슨 병이기에 그렇게 신음하십니까? 패독산*이나 두어 첩 달여 올

---

* 패독산(敗毒散) 감기와 몸살에 먹는 한약.

리오리까?"

"패독산 먹고 나을 병이 아니니라."

"그럼 무슨 약을 지어 올리오리까?"

"내 병에 따로 약이 있기는 하다만 그것을 얻기가 참으로 어렵구나."

"대체 무슨 약인데 그러시오? 나리를 위해서라면야 하늘의 별인들 못 따겠소?"

"네 말만 들어도 내가 힘이 솟는구나. 이제 내 죽고 사는 것은 방자 네 손에 달렸으니 날 좀 살려 다오."

"아따 죽기는 누가 죽는다고 그러시오. 어서 시원하게 말씀이나 해 보시구려."

"방자 네 알다시피 내 어제 꽃놀이 갔다가 목욕하던 여인을 보지 않았더냐. 내가 눈을 감으나 뜨나 그 여인 모습이 눈앞에 아른거리니, 그녀를 다시 한 번 보고 싶은 마음에 심장이 바싹바싹 타서 죽을 지경이로구나. 방자 네가 수를 내어 그 여인을 좀 만나게 해 주려무나."

"얼토당토않은 말 하도 마소. 깊고 깊은 규중에 꼭꼭 숨어 있는 아낙네를 어찌 꾀어 낸단 말이오?"

"너무 날뛰지 말거라, 방자야. 그 여자가 음식 차려 보낸 것을 보면 내게 그리 관심이 없는 듯도 않으니 혹시 말만이라도 꺼내 보는 것이 어떠하냐?"

"어림없소. 그 여인의 성격은 못된 사내보다도 무섭고 게다가 지조까지 곧다 하니 되지도 않을 말이오."

배 비장이 일어나려는 방자를 잡고 늘어지며,

"이놈 방자야, 내 지금 편지를 써 줄 터이니 되든 안 되든 전해 주기라도 하려무나. 내 수고료는 심심치 않게 얹어 주마."

방자놈 이 말에 마음이 누그러지며 못 이기는 체하고 여쭈오되,

"나리께서 정 그러시다니 할 수 없구려그래. 그러면 편지나 잘 써 주

십시오."

배 비장이 크게 기뻐하며 편지를 써서 방자 주며 신신당부하기를,

"모든 일이 방자 네게 달렸나니, 너는 상황을 보아 민첩하게 행동하렷다."

방자 그 편지 받아들고 애랑에게 가 전하니, 그 내용은 이러하였다.

제주의 한 무관이 낭자에게 머리를 조아리며 감히 한 통의 서찰을 보내오. 이 사람이 비장의 몸이 되어 고향에서 수천 리 떨어진 낯선 타지에 와서, 여자에게는 뜻이 없어 산천 경치에 마음을 두었더니, 어제 한라산 꽃놀이 갔다가 우연찮게 낭자를 보고는 잊고 싶어도 잊혀지지 않고, 생각하지 않으려 해도 저절로 생각이 나는구려. 음식을 먹어도 도무지 맛을 모르고 누워도 잠을 이루지 못하여 골수에 병이 깊이 들었소이다. 꽃같이 어여쁜 낭자의 모습인들 언젠가는 늙을 터이니, 검은 머리 백발 되면 세월이 다시 오지 않는다고 한탄해도 소용 없는 일이라오. 이내 몸에 깊이 든 상사병은 명약이 따로 없으니, 낭자가 바다 같은 은혜를 베풀어 부디 살려 주시구려. 제아무리 지조가 곧다 한들 사람 목숨 살리는 것만큼 중하리오. 이제 이내 몸 살고 죽는 것은 낭자에게 달려 있고, 낭자께서 이 가련한 몸을 받아 주는 것은 쉬운 말 한 마디에 달렸으니, 그 말 한 마디 수이 하여 이내 몸 살고 죽는 것을 결정하소서. 생사의 갈림길에서 한마디 적어 보내니, 자세히 참작하시고 답장하여 주시기를 엎드려 빌고 또 비나이다.

방자 애랑이더러 하는 말이,

"이애 애랑아, 답장을 하긴 하되 애간장이 녹게 한번 써 보아라."

방자 애랑의 답장을 전하니, 배 비장 어명이나 받잡는 듯이 두 손으로 공손히 받들어 정갈하게 무릎을 꿇고 한 자 한 자 새겨 가며 읽는다.

한 번 만난 일도 없는 남정네가 글월을 보내 오니, 놀랍고 망측하기 짝이 없소이다. 그대의 병은 내 알 바 아니니, 그대는 남의 신하로 있으면서 옛 성현의 말도 모른단 말이오? 충성으로 주군을 섬기고 절개로써 남편을 섬기는 것은 고금을 막론하고 절대적인 의리이거늘, 지금 그대가 감히 규중 여인의 정절을 앗으려 하니, 이로써 그대의 충절은 말 안 해도 알 듯하니, 썩 물러감이 옳은 줄 아오.

배 비장이 물러가라는 구절을 읽다가 오장이 녹아내려 하는 말이,
"애고 애고, 이 일을 어찌할꼬. 이제 이내 몸 몽달귀신 되는 것은 정한 이치로다."
곁에 섰던 방자 이 모습 보고,
"여보 나리, 실망 마소. 그 밑에 '허나' 하고 적혀 있지 않소."
"옳지 옳지, 네 말이 옳도다. 이 밑에 '허나' 하고 박혔구나."

허나 귀하신 장부의 몸이 나로 인해 병을 얻었다 하니 가여운 마음 어찌 아니 들으리오. 나는 규중에 꼭꼭 틀어박힌 아녀자의 몸이라서 출입이 자유롭지 못하오니, 만나고자 하여도 만나기 쉽지 않겠소이다. 그러니 달이 기운 깊은 밤에 벽헌당에 찾아오면 그대를 만나 주려니와, 만약 실수하는 날이면 그대 목숨은 보장하지 못하리다. 집안에 개와 닭이 많으니 북창 쪽으로 조심 또 조심하여 찾아오시오.

배 비장이 이 글을 읽고 막혔던 숨통이 트여 얼씨구 절씨구 지화자 좋을씨구 기뻐하니, 시름시름 앓던 병은 자취도 없이 쫓겨갔더라. 그로부터 해 지기를 기다리니, 일각이 여삼추라 눈알이 쏙 빠질 지경이라.
이윽고 달이 지고 밤이 깊자 배 비장은 방자를 앞세우고 문 밖으로

나섰더라. 벽헌당에 이르러 서쪽 대문을 지나 동쪽 소나무 댓돌에 다다르니, 북창에는 밝게 켠 등불 하나가 아른거린다. 방자가 높은 담 밑에 뚫린 개구멍을 찾아 먼저 기어들어가더니,

"나리, 두 발을 한데 모으고 요령껏 들이미시오."

배 비장이 방자의 말을 따라 두 다리를 구멍 속으로 집어넣으니, 방자 두 다리를 잡고 힘껏 잡아당기나, 벌떡 부른 배가 중도에 걸려 들도 나도 아니하는지라. 이에 배 비장 방향을 바꾸어 머리 먼저 들이미니, 방자놈이 왈칵 상투를 낚아채어 와락 잡아당긴다. 배 비장의 숨죽인 비명 소리와 함께 몸이 구멍 속으로 쑥 들어가 맞은편으로 나온지라.

그래도 들어온 것만 좋아 허허 웃는 배 비장더러 방자 여쭈오되,

"저기 저 불 켜진 방이오. 부디 조심하고 날 새기 전에 나오시오."

배 비장 가슴이 두근두근 다리가 휘청휘청하여 간신히 문을 열고 안으로 들어서니, 낮에 본 여인이 앉아서 기다리거늘, 달나라 선녀가 제 아무리 곱다 한들 이보다 고울쏘냐.

저 계집이 웃으며 말하기를,

"기약했던 임께서 드디어 오셨군요. 예까지 오느라 수고가 많으셨을 터이니, 어서 옷부터 벗으시고 자리에 드시지요."

배 비장이 이게 웬 떡이냐 싶어 옷을 활활 벗고 지화자 좋을씨고 자리에 누웠을 때 느닷없이 밖에서,

"문 열어라, 문열어! 내 두 연놈을 박살내고야 말겠다!"

하고 호통치는 소리 있었으니, 방자놈이 목소리를 바꾸어 속인 것이렷다. 깜짝 놀란 배 비장 이불을 둘둘 말아 쓰고 구석에서 오들오들 떨며,

"남편이 온 모양인데, 어찌하면 좋겠소?"

애랑이 짐짓 놀란 체하며,

"우리 남편은 제주 제일 가는 악당에 미련하기는 도척이요, 기운은 항우 같으니, 잡히면 그 날이 그대 제삿날 일 테니 어서 이 궤짝 안으

로 들어가시오."

배 비장 황망한 지경을 당하매 옴짝달싹 못하고 커다란 몸으로 작디 작은 피나무 궤짝 안으로 들어가니, 애랑은 미리 계획한 대로 궤짝 문을 닫고 열쇠로 잠근지라. 방에 불이 켜지자 방자 안으로 뛰어들어와 터져나오는 웃음을 억지로 참으며 호통친다.

"네 이년! 지금까지 외간 남자와 같이 있지 않았느냐?"

"그게 무슨 뚱딴지 같은 소리요? 이렇게 혼자 있지 않소? 그런데 사 오신다던 술은 어찌 되고 빈손으로 돌아오셨소?"

"집안에 큰일이 났는데 술이 다 무엇이냐?"

"큰일이라니 그게 대체 무엇이오?"

"내가 술을 사려고 나가는데, 홀연 안개 속에서 백발의 노인이 나타 나 날더러 말하기를 '너희 집에 피나무 궤짝이 있으렷다? 그 궤짝에 패가 망신할 액신이 붙었으니 알아서 처리하라.' 하시더란 말씀이다. 그러니 저 궤짝을 당장에 갖다 버려야 겠다."

방자 말을 마치더니 궤짝을 짊어지고 밖으로 나가더라. 그러고는 깊고 깊은 바닷물에 집어던지는지 풍덩 소리가 나게 떨어뜨리니, 방자가 궤짝을 내려놓은 곳은 제주 목사 김경이 공무를 보는 동헌*이었더라. 동헌에는 벌써 이 소식을 듣고 제주 목사 김경을 비롯하여 여러 비장과 기생들이 좋은 구경 놓칠세라 모두 모여 있었더라.

방자가 궤짝을 잡고 흔들자, 파도에 쓸리듯이 이리 출렁 저리 출렁하고, 터진 틈새로는 양동이로 쏟아붓는 물줄기가 쏴아 주르륵 흘러들어 오는데, 궤짝 안에 든 배 비장 꼼짝없이 죽는 줄로만 알았더라.

이 때 제주 사또 눈짓으로 명령하자, 하인들이 곤장을 뚝딱거리며 노 젓는 소리를 흉내내니, 배 비장 수가 난 줄 알고 목청껏 소리친다.

---

* 동헌(東軒) 사또가 공무를 집행하는 대청이나 집.

"이 안에 사람 들었소! 사람 살려! 사람 살려!"

이에 어느 비장이 하는 말이,

"허 웬 궤짝이 바다에 떠 있는데, 그 안에 사람이 들었구나. 여보시오, 내가 궤짝 문은 열어 줄 터이나, 부정 탈지 몰라 우리 배에는 못 올리겠소."

"글랑은 염려 마오. 내가 서울서 용산 마포 왕래할 제 개헤엄 조금이나마 배워 두었다오."

"이 물은 아주 짜서 눈이 멀고 말 것이니 문이 열리걸랑 눈을 꼭 감고 헤엄쳐야만 하오."

"내 그리 하리다."

이에 밖에서 빗장을 풀어 뚜껑을 활짝 열어 놓으니, 배 비장 눈을 질끈 감은 채 알몸으로 뛰쳐나와 허우적허우적 개헤엄을 친다. 한참 이 모양으로 허우적거리다가 동헌 댓돌에 대궁이(대가리)를 딱 부딪치는 바람에 정신이 번쩍 나서 두 눈을 뜨고 둘러보니 동헌 앞마당이렷다. 사또 높은 대청에 앉아 있고 마당에 빙 둘러선 비장·하인·기생들은 저마다 입을 틀어막고 참는 것이 웃음이라.

사또 웃으면서 하시는 말씀인즉,

"자네 그것이 어인 꼴인고?"

그제야 영문을 깨달은 배 비장 어이없어 고개를 푹 숙이고 여쭈오되,

"오늘 소인에게 망신살이 뻗쳐 이 지경을 당했나이다."

사또 다시 인자하게 웃으며 이르시되,

"내 잠시 자네를 놀려 준 것뿐이니, 잠깐 속은 일로 마음 상하지 말고 제주에 있는 동안 어진 정치 베푸시게."

하니, 모든 사람이 위로하며 창피를 덮어 주더라.

부록

작품 스터디

● **흥부전**　〈흥부전〉은 판소리의 각본으로 사용하기 위해 만들어진 판소리계 소설이다. 오늘날 전해지는 〈흥부전〉에는 모두 5~6종이 있는데, 작자는 알려져 있지 않다. 줄거리는 다음과 같다.

　놀부에게는 흥부라는 아우가 있었다. 형 놀부는 못된 심술꾸러기인 반면 아우 흥부는 착하디착한 사람이었다. 놀부는 부모에게 물려받은 재산을 흥부에게 나누어 주지 않고 아우를 자신의 집에서 내쫓는다. 처자식과 함께 궁핍한 삶을 살던 흥부는, 어느 날 우연히 다리 다친 제비를 치료해 준다. 이듬해 봄이 되어, 그 제비는 박씨를 물고 돌아왔는데, 이 박씨에서 열린 박 속에는 굉장한 금은 보화가 들어 있어 흥부는 큰 부자가 된다.

　한편, 이를 시기한 놀부는 멀쩡한 제비 다리를 부러뜨렸다가 다시 고쳐 주는데, 이듬해 그 제비가 물어다 준 박씨를 심어 거둔 박 속에서는 온갖 사람들이 나와 놀부의 전재산을 빼앗아 간다. 이후 놀부는 흥부에게 몸을 의지하고 살면서 자신의 죄를 뉘우치고 착한 사람이 되었다.

● **장화홍련전**　〈장화홍련전〉은 세종 임금 시절의, 평안도 철산군을 배경으로 이야기가 전개된다. 이 곳에 배무룡이란 좌수와 부인 장씨가 살고 있었는데, 장씨는 딸 장화를 낳은 지 이 년 뒤에 다시 예쁜 딸 홍련을 낳는다. 행복한 나날을 보내던 중 장씨 부인이 죽자, 배 좌수는 못생기고 심술궂은 허씨와 재혼을 한다. 허씨는 연달아 아들 삼형제를 낳더니, 기세가 등등해져 장화와 홍련 자매를 심하게 구박한다.

　그러던 어느 날, 허씨는 장화를 모함하여 죽게 하고, 언니의 억울한 죽음을 알게 된 홍련도 스스로 자살한다. 그러나 죽어서도 원통함을 풀지 못한 두 자매는 귀신이 되어 신관 사또 앞에 나타나 자신들의 한을 고백한다. 이 사실은 곧 임금의 귀에 들어가고 허씨는 능지 처참 당한다.

● **토끼전**　〈별주부전〉이라고도 알려진 판소리계 소설 〈토끼전〉은, 남해의 용왕이 병을 얻어 근심하는 내용으로 시작된다. 용왕은 자신의 병에는 육지에 사는 토끼의 간이 특효약이라는 말을 듣고, 별주부로 불리는 자라에게 토끼를 잡아오라는 명령을 내린다. 이 말을 듣고 육지로 올라간 자라는 산에서 토끼를 만나 그를 꾀어 용궁으로 데리고 온다.

용궁에서는 호강할 수 있다는 자라의 말에 깊고 깊은 바닷속까지 따라온 토끼는 그제야 자신이 자라의 꾀임에 넘어갔다는 사실을 알게 된다. 그리고 영락없이 죽은 목숨이라고 포기하려던 찰나, 문득 한 가지 꾀를 생각해 내게 된다. 토끼는 자신의 간을 꺼내어 깨끗한 물에 씻어 깊은 골짜기에 두고 왔다고 용왕을 속인다. 처음에는 믿지 않던 용왕도 차츰 토끼의 능란한 속임에 넘어가, 육지로 돌아가 다시 간을 가져올 것을 명한다.

이에 토끼는 자라의 등에 타고 육지로 올라와, 자신의 꾀에 속아넘어간 자라를 비웃으며 유유히 숲 속으로 사라진다.

● **배비장전**　이 작품은 조선 후기에 지어진 작자 미상의 고전 소설로, 〈배비장타령〉이라는 판소리 가사가 소설화된 것이다. 작품의 주인공인 배 비장은 제주 목사에 임명된 김경이란 사람을 따라 제주도로 향한다.

그 곳에 도착하자 다른 비장들은 기생을 끼고 즐거운 시간을 보내지만, 배 비장은 떠나올 때 부인과 약속한 바가 있는지라 홀로 따분한 시간을 보낸다. 그리고 절대로 기생과 상종하지 않겠다고 선포한다. 이 소식을 전해 들은 사또는 장난기가 발동했다. 그래서 예쁜 기생들을 불러모은 다음, 배 비장의 마음을 사로잡는 사람에게 큰 상을 내리겠노라고 한다. 이 내기에 선뜻 나선 사람이 애랑으로, 그녀는 아름답기로 유명한 기생이었다.

한편, 이러한 사실을 전혀 모르고 있던 배 비장은 그만 애랑의 유혹에 넘어가고 말았다. 애랑이 쳐 놓은 그물에 걸려든 배 비장은 한밤중에 몰래 그녀와의 약속 장소로 찾아갔다가, 결국은 궤짝 속에 갇혀 여러 사람들에게 창피를 당하고 만다.

논술 가이드

〈흥부전〉의 두 대목입니다. 제시문을 읽고 다음 문제에 답하시오.
[문항 1]

이놈의 심술을 볼 것 같으면, 술 먹고 욕 잘 하고 게으르고 싸움 잘 하고 초상난 데 춤추기, 불 붙는 데 부채질하기, 해산한 데 개 잡기, 장에 가면 억지 흥정, 우는 아이 똥 먹이기, 죄 없는 놈 뺨치기, 빚으로 계집 빼앗기, 늙은 영감 덜미 치기, 아이 밴 계집 배 차기, 우물 안에 똥 누어 놓기, (후략)

이 때 흥부가 놀부의 패가 망신함을 알고 크게 놀라 일변 노복을 시켜 가마 두 채와 말 두 필을 거느리고 건너와 놀부 양주 조카를 가마에 태우고 말을 태워 제 집으로 돌아와 (중략) 흥부 내외는 부귀 다남하여 팔십까지 누리고 자손이 번성하고 가산이 대대로 넉넉하니 그 후 사람들이 흥부의 어진 덕을 칭송하여 그 이름 백세에 전하더라.

(1) 첫번째 글은 놀부의 심술 행각을 나열한 것입니다. 내용은 심각하지만 읽는 이로 하여금 신바람이 나게 하는 것은 바로 운율이 있기 때문입니다. 위 대목을 노래하듯이 읽어 보고, 어떻게 읽을 때 가장 신명이 나는지 알아봅시다.

----

(2) 두 번째 글은 이 작품의 마지막 부분입니다. 여러분이 작가가 되어 결말 부분을 다시 써 봅시다.

〈장화홍련전〉의 두 대목입니다. 제시문을 읽고 다음 문제에 답하시오.

[문항 2]

> "(전략) 내 목숨을 보존하고자 하는 것이 아니다. 사실을 밝혀 봤자 계모
> 가 시기할 것이고, 살고자 하면 아버지의 명을 거역하는 짓이 된다. 아버
> 지의 명을 따를 것이니, 잠깐 말미를 주면 다녀와서 죽도록 하마."

> 그러나 집안에 조석 공양을 할 사람조차 없어 마음을 둘 곳이 없었으므로
> 할 수 없이 향속 윤광호의 딸에게 다시 장가를 들었다. 나이는 십팔 세요, 용
> 모와 재질이 비상하고, 성정이 또한 온순하여 자못 숙녀의 풍도가 있었다.
> 좌수는 크게 기꺼워하며 금실이 좋았다.

(1) 첫번째 글은 장화가 죽기 직전 남동생 장쇠에게 하는 말입니다. 여러분이
만약 장화가 되어 위와 같은 상황에 놓였다면 어떻게 행동했을까요?

----

(2) 배 좌수는 죄를 용서받고 세 번째 결혼을 하여 행복을 누립니다. 만약 여
러분이 재판관이 되어 이 사건의 판결을 내린다면, 배 좌수를 용서하였을까요?
그렇지 않다면 어째서 그가 벌을 받아야 되는지 자신의 의견을 서술해 봅시다.

〈토끼전〉의 두 대목입니다. 제시문을 읽고 다음 문제에 답하시오.

[문항 3]

> 이 때, 용왕이 세 사람을 보내고 나서 즉시 조정의 모든 벼슬아치를 모아 어명을 내리기를,
> "과인의 병에는 어떤 영약도 다 소용없으되, 오직 토끼의 생간이 신효하다 하니, 뉘 능히 사람이 사는 육지 세계에 나아가 토끼를 사로잡아 오겠는가."

> 또 생각하기를,
> '옛말에 이르기를 죽을 곳에 떨어진 후에야 다시 산다 하였으니, 어찌 죽기만을 생각하고 살아날 방책을 헤아리지 않겠는가.'
> 하더니, 문득 한 가지 꾀를 생각하고, 이에 얼굴빛을 조금도 변하지 않은 채 머리를 들어 궁전 위를 우러러보면서 아뢰기를, (후략)

(1) 용왕은 자신의 병을 위해 토끼를 잡아 죽여, 그 간을 취하고자 합니다. 작품이 씌어진 시기가 조선 후기임을 감안할 때, 용왕의 이 같은 욕망이 당시 사회의 어떠한 모습을 비유하고 있는지 살펴봅시다.

----

(2) 토끼는 위기의 순간에 한 가지 꾀를 냅니다. 그 꾀란 무엇인가요? 또, 만약 여러분이 토끼의 처지에 놓였다면 어떠한 방법으로 위기를 모면했을까요?

〈배비장전〉의 마지막 대목입니다. 제시문을 읽고 다음 문제에 답하시오.

[문항 4]

> "이제야 보았단 말이냐? 상놈의 눈이라서 그러냐, 어지간히도 무디구나."
> "나리 말씀이 옳소. 상놈의 눈은 양반의 눈과는 달라서 예의에 어긋나는
> 건 아니 보입니다요. 또 마음도 양반과는 달라서 규중 처녀가 목욕하는 것
> 은 아예 훔쳐볼 생각도 하지 않는뎁쇼. 그러고 보면 양반들 마음은 상놈들
> 보다 더욱 컴컴하고 음탕한 모양이외다."
> 방자의 말을 듣고 배 비장 무안하여 얼굴을 돌리며 하는 말이,
> "알았다. 내 다시는 안 본다."

(1) 이 작품은 배 비장이라는 인물의 행동을 통해서 당시의 양반을 비판, 조
롱하고 있습니다. 이러한 주제 의식이 잘 드러나 있는 대목인 윗글을 읽고 당
시 양반들의 생활이 어떠했는지를 짐작해 봅시다.

----

(2) 배 비장은 겉과 속이 다르고 의지가 약한 사람입니다. 그리고 다른 양반
들은 이러한 배 비장의 단점을 들추어 내어 파멸로 이끕니다. 여러분은 이 두
부류 가운데 어느 편이 더욱 비난받아야 마땅하다고 생각하나요?

〈베스트 논술 한국대표문학〉(전60권) 목록

권별	작품	작가
1	무정 I	이광수
2	무정 II	이광수
3	무명 · 꿈 · 옥수수 · 할멈	이광수
4	감자 · 시골 황 서방 · 광화사 · 붉은 산 · 김연실전 외	김동인
5	발가락이 닮았다 · 왕부의 낙조 · 전제자 · 명문 외	김동인
6	배따라기 · 약한 자의 슬픔 · 광염 소나타 외	김동인
7	B사감과 러브레터 · 서투른 도적 · 술 권하는 사회 · 빈처 외	현진건
8	운수 좋은 날 · 까막잡기 · 연애의 청산 · 정조와 약가 외	현진건
9	벙어리 삼룡이 · 뽕 · 젊은이의 시절 · 행랑 자식 외	나도향
10	물레방아 · 꿈 · 계집 하인 · 별을 안거든 우지나 말 걸 외	나도향
11	상록수 I	심훈
12	상록수 II	심훈
13	탈춤 · 황공의 최후 / 적빈 · 꺼래이 · 혼명에서 외	심훈 / 백신애
14	태평 천하	채만식
15	레디메이드 인생 · 순공 있는 일요일 · 쑥국새 외	채만식
16	명일 · 미스터 방 · 민족의 죄인 · 병이 낫거든 외	채만식
17	동백꽃 · 산골 나그네 · 노다지 · 총각과 맹꽁이 외	김유정
18	금 따는 콩밭 · 봄봄 · 따라지 · 소낙비 · 만무방 외	김유정
19	백치 아다다 · 마부 · 병풍에 그린 닭이 · 신기루 외	계용묵
20	표본실의 청개구리 · 두 파산 · 이사 외 / 모범 경작생	염상섭 / 박영준
21	탈출기 · 홍염 · 고국 · 그믐밤 · 폭군 · 박돌의 죽음 외	최서해
22	메밀꽃 필 무렵 · 낙엽기 · 돈 · 석류 · 들 · 수탉 외	이효석
23	분녀 · 개살구 · 산 · 오리온과 능금 · 가을과 산양 외	이효석
24	무녀도 · 역마 · 까치 소리 · 화랑의 후예 · 등신불 외	김동리
25	하수도 공사 / 지맥 / 그 날의 햇빛은 · 갈가마귀 그 소리	박화성 / 최정희 / 손소희
26	지하촌 · 소금 · 원고료 이백 원 외 / 경희	강경애 / 나혜석
27	제3인간형 / 제일과 제일장 외 / 사랑 손님과 어머니 외	안수길 / 이무영 / 주요섭
28	날개 · 오감도 · 지주 회시 · 환시기 · 실화 · 권태 외	이상
29	봉별기 · 종생기 · 조춘점묘 · 지도의 암실 · 추등잡필	이상
30	화수분 외 / 김 강사와 T교수 · 창랑 정기 / 성황당	전영택 / 유진오 / 정비석

권별	작품	작가
31	민촌 / 해방 전후 · 달밤 외 / 과도기 · 강아지	이기영 / 이태준 / 한설야
32	소설가 구보씨의 일일 / 장삼이사 · 비오는 길 /	박태원 / 최명익
	석공 조합 대표 / 낙동강 · 농촌 사람들 · 저기압	송영 / 조명희
33	모래톱 이야기 · 사하촌 외 / 갯마을 / 혈맥 / 전황당인보기	김정한 / 오영수 / 김영수 / 정한숙
34	바비도 외 / 요한 시집 / 젊은 느티나무 외 / 실비명 외	김성한 / 장용학 / 강신재 / 김이석
35	잉여 인간 / 불꽃 / 꺼삐딴 리 · 사수 / 연기된 재판	손창섭 / 선우휘 / 전광용 / 유주현
36	탈향 외 / 수난 이대 외 / 유예 / 오발탄 외 / 4월의 끝	이호철/ 하근찬/ 오상원/ 이범선/ 한수산
37	총독의 소리 / 유형의 땅 / 세례 요한의 돌	최인훈 / 조정래 / 정을병
38	어둠의 혼 / 개미귀신 / 무진 기행 · 서울 1964년 겨울 외	김원일 / 이외수 / 김승옥
39	뫼비우스의 띠 / 악령 / 식구	조세희 / 김주영 / 박범신
	관촌 수필 / 기억 속의 들꽃 / 젊은 날의 초상	이문구 / 윤흥길 / 이문열
40	김소월 시집	김소월
41	윤동주 시집	윤동주
42	한용운 시집	한용운
43	한국 고전 시가와 수필	유리왕 외
44	한국 대표 수필선	김진섭 외
45	한국 대표 시조선	이규보 외
46	한국 대표 시선	최남선 외
47	혈의 누 · 모란봉	이인직
48	귀의 성	이인직
49	금수 회의록 · 공진회 / 추월색	안국선 / 최찬식
50	자유종 · 구마검 / 애국부인전 / 꿈하늘	이해조 / 장지연 / 신채호
51	삼국유사	일연
52	금오신화 / 홍길동전 / 임진록	김시습 / 허균 / 작자 미상
53	인현왕후전 / 계축일기	작자 미상
54	난중일기	이순신
55	흥부전 / 장화홍련전 / 토끼전 / 배비장전	작자 미상
56	춘향전 / 심청전 / 박씨전	작자 미상
57	구운몽 · 사씨 남정기	김만중
58	한중록	혜경궁 홍씨
59	열하일기	박지원
60	목민심서	정약용

〈베스트 논술 한국대표문학〉에 실린 소설과 교과서 대조표

* 〈베스트 논술 한국대표문학〉에 실린 소설과 현행 국어 · 문학 18종 교과서의 수록 내용을 비교 · 분석하였다.

● 초등 학교 교과서(국어)

금오신화, 구운몽, 심청전,
흥부전, 토끼전, 박씨전,
장화홍련전, 홍길동전

● 국정 교과서

작품	작가	교과목
고향	현진건	고등 학교 문법
동백꽃	김유정	중학교 국어 2-1, 중학교 국어 3-1
벙어리 삼룡이	나도향	중학교 국어 1-1
봄봄	김유정	고등 학교 국어(상)
사랑 손님과 어머니	주요섭	중학교 국어 2-1
오발탄	이범선	중학교 국어 3-1
운수 좋은 날	현진건	중학교 국어 3-1

● 고등 학교 문학 교과서

작품	작품	출판사
감자	김동인	교학, 지학, 디딤돌, 상문
갯마을	오영수	문원, 형설
고향	현진건	두산, 지학, 청문, 중앙, 교학, 문원, 민중, 블랙, 디딤돌
관촌 수필	이문구	지학, 문원, 블랙
광염 소나타	김동인	천재, 태성

금 따는 콩밭	김유정	중앙
금수회의록	안국선	지학, 문원, 블랙, 교학, 대한, 태성, 청문, 디딤돌
김 강사와 T교수	유진오	중앙
까마귀	이태준	민중
꺼삐딴 리	전광용	지학, 중앙, 두산, 블랙, 디딤돌, 천재, 케이스
날개	이상	문원, 교학, 중앙, 민중, 천재, 형설, 청문, 태성, 케이스
논 이야기	채만식	두산, 상문, 중앙, 교학
닳아지는 살들	이호철	천재, 청문
동백꽃	김유정	금성, 두산, 블랙, 교학, 상문, 중앙, 지학, 태성, 형설, 디딤돌, 케이스
두 파산	염상섭	문원, 상문, 천재, 교학
등신불	김동리	중앙, 두산
만무방	김유정	민중, 천재, 두산
메밀꽃 필 무렵	이효석	금성, 상문, 중앙, 교학, 문원, 민중, 블랙, 디딤돌, 지학, 청문, 천재, 케이스
모래톱 이야기	김정한	디딤돌, 교학, 문원
모범경작생	박영준	중앙
뫼비우스의 띠	조세희	두산, 블랙
무녀도	김동리	천재, 지학, 청문, 금성, 문원, 민중, 케이스

작품	작가	출판사
무정	이광수	디딤돌, 금성, 두산, 교학, 한교
무진기행	김승옥	두산, 천재, 태성, 교학, 문원, 민중, 케이스
바비도	김성한	민중, 상문
배따라기	김동인	상문, 형설, 중앙
벙어리 삼룡이	나도향	민중
복덕방	이태준	블랙, 교학
봄봄	김유정	디딤돌, 문원
붉은 산	김동인	중앙
B사감과 러브레터	현진건	교학
사랑 손님과 어머니	주요섭	중앙, 디딤돌, 민중, 상문
사수	전광용	두산
사하촌	김정한	중앙, 문원, 민중
산	이효석	문원, 형설
서울, 1964년 겨울	김승옥	문원, 블랙, 천재, 교학, 지학, 중앙
성황당	정비석	형설
소설가 구보씨의 일일	박태원	중앙, 천재, 교학, 대한, 형설, 문원, 민중
수난 이대	하근찬	교학, 지학, 중앙, 문원, 민중, 디딤돌, 케이스
애국부인전	장지연	지학, 한교
어둠의 혼	김원일	천재
역마	김동리	교학, 두산, 천재, 태성, 형설, 상문, 디딤돌
역사	김승옥	중앙
오발탄	이범선	교학, 중앙, 금성, 두산
요한 시집	장용학	교학
운수 좋은 날	현진건	금성, 문원, 천재, 지학, 민중, 두산, 디딤돌, 케이스
유예	오상원	블랙, 천재, 중앙, 교학, 디딤돌, 민중
자유종	이해조	지학, 한교
장삼이사	최명익	천재
전황당인보기	정한숙	중앙
젊은 날의 초상	이문열	지학
젊은 느티나무	강신재	블랙, 중앙, 문원, 상문
제일과 제일장	이무영	중앙
치숙	채만식	문원, 청문, 중앙, 민중, 상문, 케이스
탈출기	최서해	형설, 두산, 민중
탈향	이호철	케이스
태평 천하	채만식	지학, 금성, 블랙, 교학, 형설, 태성, 디딤돌
표본실의 청개구리	염상섭	금성
학마을 사람들	이범선	민중
할머니의 죽음	현진건	중앙
해방 전후	이태준	천재
혈의 누	이인직	천재, 금성, 민중, 교학, 태성, 청문
홍염	최서해	상문, 지학, 금성, 두산, 케이스
화수분	전영택	태성, 중앙, 디딤돌, 블랙

〈베스트 논술 한국대표문학〉에 실린 시와 교과서 대조표

*〈베스트 논술 한국대표문학〉에 실린 시와 현행 국어·문학 18종 교과서의 수록 내용을 비교·분석하였다.

작품	작가	출판사
가는 길	김소월	지학, 블랙, 민중
가을의 기도	김현승	블랙
겨울 바다	김남조	지학
고향	백석	형설
국경의 밤	김동환	지학, 천재, 금성, 블랙, 태성
국화 옆에서	서정주	민중
귀천	천상병	지학, 디딤돌
귀촉도	서정주	지학
그 날이 오면	심훈	지학, 블랙, 교학, 중앙
그대들 돌아오시니	정지용	두산
그 먼 나라를 알으십니까	신석정	교학, 대한
껍데기는 가라	신동엽	지학, 천재, 금성, 블랙, 교학, 한교, 상문, 형설, 청문
꽃	김춘수	금성, 문원, 교학, 중앙, 형설
끝없는 강물이 흐르네	김영랑	디딤, 교학
나그네	박목월	천재, 블랙, 중앙, 한교
나룻배와 행인	한용운	문원, 블랙, 대한, 형설
남신의주 유동 박시봉방	백석	지학, 두산, 상문

작품	작가	출판사
남으로 창을 내겠소	김상용	지학, 한교, 상문
내 마음은	김동명	중앙, 상문
내 마음을 아실 이	김영랑	한교
농무	신경림	지학, 디딤, 금성, 블랙, 교학, 형설, 청문
누가 하늘을 보았다 하는가	신동엽	두산
눈길	고은	문원
님의 침묵	한용운	지학, 천재, 두산, 교학, 민중, 한교, 태성, 디딤돌
떠나가는 배	박용철	지학, 한교
머슴 대길이	고은	디딤돌, 천재
먼 후일	김소월	청문
모란이 피기까지는	김영랑	지학, 천재, 금성, 형설
목계 장터	신경림	문원, 한교, 청문
목마와 숙녀	박인환	민중
바다와 나비	김기림	금성, 블랙, 한교, 대한, 형설
바위	유치환	금성, 문원, 중앙, 한교
별 헤는 밤	윤동주	문원, 민중
봄은 간다	김억	한교, 교학
봄은 고양이로다	이장희	블랙

작품	작가	출판사
불놀이	주요한	금성, 형설
빼앗긴 들에도 봄은 오는가	이상화	지학, 천재, 문원, 블랙, 디딤돌, 중앙
산 너머 남촌에는	김동환	천재, 블랙, 민중
산유화	김소월	두산, 민중
살아 있는 것이 있다면	박인환	대한, 교학
살아 있는 날은	이해인	교학
생명의 서	유치환	한교, 대한
샤갈의 마을에 내리는 눈	김춘수	지학, 블랙, 태성
서시	윤동주	디딤돌, 민중
설일	김남조	교학
성묘	고은	교학
성북동 비둘기	김광섭	지학
쉽게 씌어진 시	윤동주	지학, 디딤돌, 중앙
승무	조지훈	지학, 디딤돌, 금성
알 수 없어요	한용운	중앙, 대한
어서 너는 오너라	박두진	디딤돌, 금성, 한교, 교학
오감도	이상	디딤돌, 대한
와사등	김광균	민중
우리가 물이 되어	강은교	지학, 문원, 교학, 형설, 청문, 디딤돌
우리 오빠의 화로	임화	디딤돌, 대한
울음이 타는 가을 강	박재삼	지학, 교학
지수	허영자	교학

작품	작가	출판사
자화상	노천명	민중
절정	이육사	지학, 천재, 금성, 두산, 문원, 블랙, 교학, 태성, 청문, 디딤돌
접동새	김소월	교학, 한교
조그만 사랑 노래	황동규	문원, 중앙
즐거운 편지	황동규	지학, 형설, 청문
진달래꽃	김소월	천재, 태성
청노루	박목월	지학, 문원, 상문
초토의 시 8	구상	지학, 천재, 두산, 상문, 태성
초혼	김소월	디딤돌, 금성, 문원
타는 목마름으로	김지하	디딤돌, 금성, 문원, 민중
풀	김수영	지학, 금성, 민중, 한교, 태성
프란츠 카프카	오규원	천재, 태성
피아노	전봉건	태성
해	박두진	두산, 블랙, 민중, 형설
해에게서 소년에게	최남선	지학, 천재, 금성, 두산, 문원, 민중, 한교, 대한, 형설, 태성, 청문, 디딤돌
향수	정지용	지학, 문원, 블랙, 교학, 한교, 상문, 청문, 디딤돌

〈베스트 논술 한국대표문학〉에 실린 시조와 교과서 대조표

* 〈베스트 논술 한국대표문학〉에 실린 시조와 현행 국어 · 문학 18종 교과서의 수록 내용을 비교 · 분석하였다.

작품	작가	출판사
가노라 삼각산아	김상헌	교학, 형설
가마귀 눈비 맞아	백팽년	교학
가마귀 싸우는 골에	정몽주 어머니	교학
강호 사시가	맹사성	디딤돌, 두산, 교학
고산구곡	이이	한교
공명을 즐겨 마라	김삼현	지학
구름이 무심탄 말이	이존오	천재
국화야 너난 어이	이정보	블랙
녹초 청강상에	서익	지학
농암가	이현보	민중
뉘라서 가마귀를	박효관	교학
님 그린 상사몽이	박효관	천재
대추볼 붉은 골에	황희	중앙
도산 십이곡	이황	디딤돌, 블랙, 민중, 형설, 태성
동짓달 기나긴 밤을	황진이	지학, 천재, 금성, 두산, 문원, 교학, 상문, 대한
마음이 어린후니	서경덕	지학, 금성, 블랙, 한교
말없는 청산이요	성혼	지학, 천재
방안에 혔는 촉불	이개	천재, 금성, 교학
백구야 말 물어보자	김천택	지학
백설이 자자진 골에	이색	지학
삭풍은 나무끝에	김종서	중앙, 형설
산촌에 눈이 오니	신흠	지학

작품	작가	출판사
삼동에 베옷 닙고	조식	지학, 형설
산인교 나린 물이	정도전	천재
수양산 바라보며	성삼문	천재, 교학
십년을 경영하여	송순	지학, 금성, 블랙, 중앙, 한교, 상문, 대한, 형설
어리고 성긴 매화	안민영	형설
어부사시사	윤선도	금성, 문원, 민중, 상문, 대한, 형설, 청문
오리의 짧은 다리	김구	청문
오백년 도읍지를	길재	블랙, 청문
오우가	윤선도	형설
이몸이 죽어가서	성삼문	지학, 두산, 민중, 대한, 형설
이시렴 부디 갈다	성종	지학
이화에 월백하고	이조년	디딤돌, 천재, 두산
이화우 흣뿌릴 제	계랑	한교
재너머 성권농 집에	정철	천재, 형설
천만리 머나먼 길에	왕방연	문원, 블랙
청산리 벽계수야	황진이	지학
추강에 밤이 드니	월산대군	천재, 금성, 민중
춘산에 눈녹인 바람	우탁	디딤돌
풍상이 섞어 친 날에	송순	지학, 청문
한손에 막대 잡고	우탁	금성
훈민가	정철	지학, 금성
흥망이 유수하니	원천석	천재, 중앙, 한교, 디딤돌, 대한

〈베스트 논술 한국대표문학〉에 실린 수필과 교과서 대조표

* 〈베스트 논술 한국대표문학〉에 실린 수필과 현행 국어·문학 18종 교과서의 수록 내용을 비교·분석하였다.

작품	작가	출판사
가난한 날의 행복	김소운	천재
가람 일기	이병기	지학
구두	계용묵	디딤돌, 문원, 상문, 대한
그믐달	나도향	블랙, 태성
꼴찌에게 보내는 갈채	박완서	태성
나무	이양하	상문
나무의 위의	이양하	문원, 태성
낭객의 신년 만필	신채호	두산, 블랙, 한교
딸깍발이	이희승	지학, 디딤돌, 청문
멋없는 세상 멋있는 사람	김태길	중앙
무궁화	이양하	디딤돌
백설부	김진섭	지학, 천재, 형설, 태성, 청문
생활인의 철학	김진섭	지학, 태성
수필	피천득	지학, 천재, 한교, 태성, 청문
수학이 모르는 지혜	김형석	청문
슬픔에 관하여	유달영	문원, 중앙
웃음설	양주동	교학, 태성
은전 한 닢	피천득	금성, 대한
이야기	피천득	지학, 청문
인생의 묘미	김소운	지학
지조론	조지훈	블랙, 한교
청춘 예찬	민태원	금성, 블랙
특급품	김소운	교학
폭포와 분수	이어령	지학, 블랙
피딴 문답	김소운	디딤돌, 금성, 한교
행복의 메타포	안병욱	교학
헐려 짓는 광화문	설의식	두산

베스트 논술 한국 대표문학 55

흥부전 · 장화홍련전 외

지은이 작자 미상
펴낸이 류성관
펴낸곳 SR&B(새로본닷컴)
주 소 서울특별시 마포구 망원동 463-2번지
전 화 02)333-5413
팩 스 02)333-5418
등 록 제10-2307호
인 쇄 만리 인쇄사